目《もく》次《じ》

算数

理科

社会

国語

英語

＊英語には『まとめテスト』はありません。
＊算数・理科・社会・英語は後ろから始《はじ》まります。
＊シールの台紙は最後《さいご》にあります。

みすず　なおと　ロボくん

もうすぐ4年生になりますね。3年生をふり返って、
4年生の目標《もくひょう》を立てましょう。

それぞれの題《だい》にあわせて、ていねい
に書いてみよう。

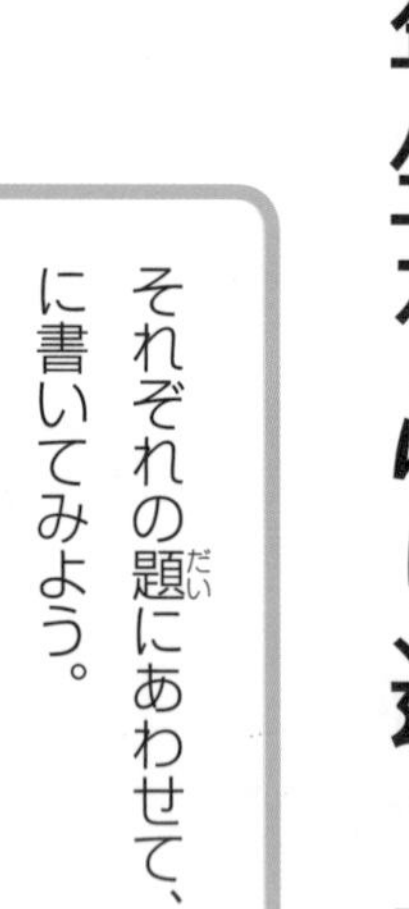
ロボくん

3年生のいちばんの思い出

4年生でがんばりたいこと

国語

★ 算数は 63 ページから始《はじ》まります。
★ 理科は 39 ページから始まります。
★ 社会は 33 ページから始まります。
★ 英語は 73 ページから始まります。

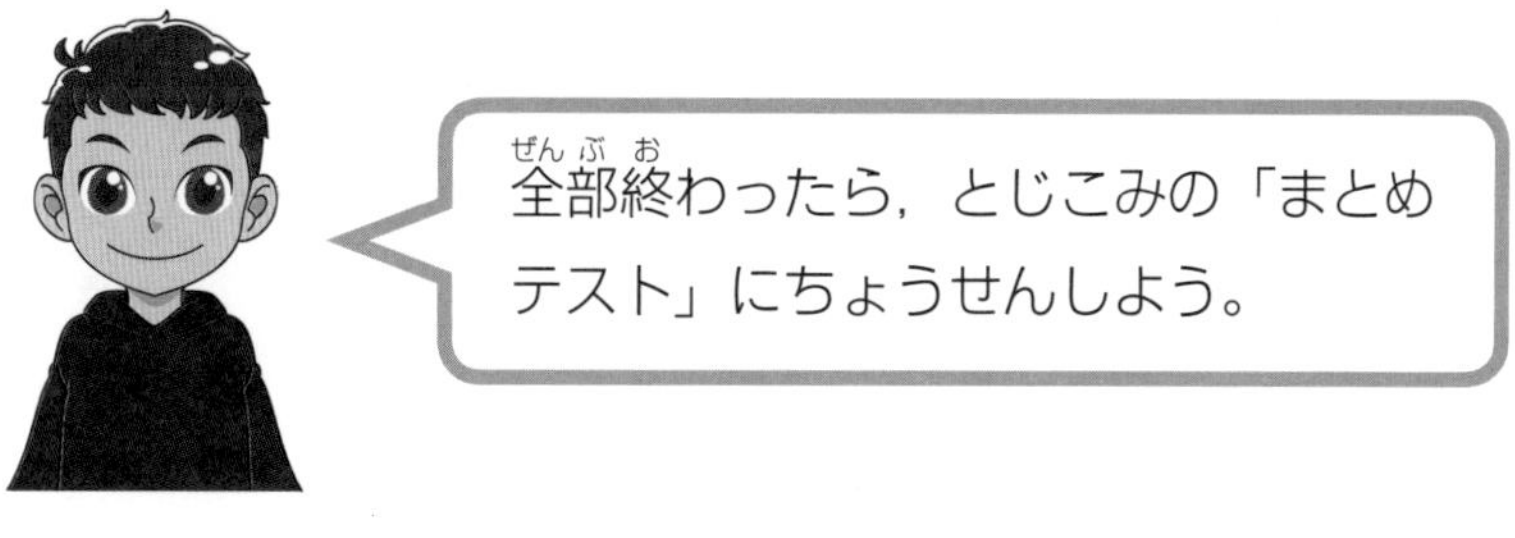

全部《ぜんぶ》終《お》わったら，とじこみの「まとめテスト」にちょうせんしよう。

左のマークはむずかしい内容《ないよう》についています。とくことができれば自信《じしん》をもってよい問題《もんだい》です。まちがえた場合は，『答えと考え方』を読んで理解《りかい》しておきましょう。

国語

第1回

物語《ものがたり》の読《よ》み取《と》り①

次《つぎ》の文章《ぶんしょう》を読んで、あとの問《と》いに答えなさい。

（ふしぎな模様《もよう》の石だな）

あめいろに、つやつや光っている。ライオンは、ためしに、その石ころを、ちょいとなめてみた。

すると石ころは、ころがりながら「おっおっおっ！」というではないか。

①ライオンもおどろいて「おっおっおっ」とうしろにさがった。

「なんだなんだなんだ！」

石ころが、またさけぶ。

こんな石は、みたことがない。ライオンははらばいになり、石ころをみつめた。

石ころは、しばらくしんとしていたが、やがて、うずまきの入り口のカーテンがあき、目玉がふたつ、ツノのようにとびだした。

（②おや、石ころではなかったのか。……それにしても、とびだす目玉なんて、かっこいいな）

問一 ――①、ライオンはなぜおどろいたのですか。次の中から一つえらび、記号《きごう》を○でかこみなさい。（20点）

ア なめたとたんに、石ころが光りはじめたから。

イ 石ころがころがりながらしゃべったから。

ウ とてもふしぎな模様をした石ころだったから。

エ 石ころをなめてみたらへんな味《あじ》がしたから。

問二 ――②、石ころの正体は何でしたか。文中から五字で書きぬきなさい。（15点）

問三 ――③、ライオンは石ころだと思っていたもののどのようなところにかんしんしたのですか。文中の言《こと》葉《ば》を用いて書きなさい。（25点）

学習日

月　日

得点《とくてん》

／100点

③ライオンはかんしんして、ていねいに、あいさつした。

「こんにちは。ぼくは散歩《さんぽ》のとちゅうのライオンです」

④とびだす目玉は、ライオンをよくながめ、それから、首をのばしてあいさつした。

「こんにちは。おれ、ひるねのとちゅうの、かたつむりです」

というわけで、ライオンとかたつむりはともだちになり、日なたぼっこをしながら、話をした。

ライオンが、かたつむりのことを、うずまき模様の石ころと思った、といったら、

「おれもあんたをみて、たてがみつきの、いさましい船かと思ったよ」

と、⑤かたつむりもくすくすわらった。

問四 ——④、「とびだす目玉」は、さいしょにライオンをみたとき何だと思ったのですか。文中から十四字で書きぬきなさい。（20点）

問五 ——⑤、なぜかたつむりはわらったのですか。理《り》由《ゆう》としてあうものを次の中から一つえらび、記号を○でかこみなさい。（20点）

ア 相手《あいて》のことをちがうものにまちがえてしまったことがはずかしかったから。

イ 自分のことをみまちがえた相手のことをばかにしていたから。

ウ おたがいをちがうものだとかんちがいしていたことがおかしかったから。

エ 自分が相手のすがたをみまちがえてしまったことをごまかそうとしたから。

工藤直子《くどうなおこ》『ともだちは緑《みどり》のにおい』（理論社刊《りろんしゃかん》）

答えは『答えと考え方』

第2回 漢字《かんじ》・言葉《ことば》の学習《がくしゅう》①

国語

学習日　月　日

得点《とくてん》　／100点

問一 次《つぎ》の(1)〜(4)の文の主語《しゅご》と述語《じゅつご》はどれですか。それぞれ記号《きごう》を書きなさい。（両方《りょうほう》できて一つ10点）

(1) ア ぼくの　イ 弟は　ウ 小学一年生だ。
（主語＝　　　述語＝　　　）

(2) ア 花だんに　イ きれいな　ウ 花が　エ さいた。
（主語＝　　　述語＝　　　）

(3) ア 父は　イ 毎朝　ウ 七時に　エ 出かける。
（主語＝　　　述語＝　　　）

(4) ア 朝から　イ 強い　ウ 風が　エ ふく。
（主語＝　　　述語＝　　　）

問二 次の(1)・(2)の□の部分《ぶぶん》をくわしくする言葉はどれですか。あてはまるものを一つずつえらび、記号を○でかこみなさい。（一つ5点）

(1) ア 大きな　イ 声で　ウ 友人の　[名前を]　エ よんだ。

(2) ア 手作りの　イ ケーキが　ウ もうすぐ　[できる]。

問三 次の(1)・(2)の――の部分をくわしくする言葉を（　）の中から一つずつえらび、○でかこみなさい。（一つ5点）

(1) （小さな・となり町の・ゆっくり）公園まで歩く。

(2) 鳥が（きれいな・ぴよぴよと・楽しそうに）声で鳴く。

問四

次の(1)・(2)の文の（　）にあてはまるせつぞく語をあとの**ア**〜**ウ**から一つずつえらび、記号を○でかこみなさい。（一つ4点）

(1) 長い時間待《ま》った。（　　）、バスが来ない。

ア だから　**イ** しかし　**ウ** それで

(2) 畑《はたけ》にたねをまいた。（　　）、めが出た。

ア すると　**イ** ところが　**ウ** でも

問五

次の(1)〜(3)の文の（　）にあてはまるものをあとの**ア**・**イ**から一つずつえらび、記号を○でかこみなさい。（一つ4点）

(1) 雨がふっている。だから、（　　）。

ア 家の中で遊《あそ》んだ　**イ** せんたく物《もの》をほした

(2) 一生けんめい練習《れんしゅう》した。しかし、（　　）。

ア 試合《しあい》に勝《か》った　**イ** 試合に負《ま》けた

(3) 話が聞《き》き取《と》れなかった。そこで、（　　）。

ア もう一度《いちど》話してほしいとたのんだ

イ 次の話題《わだい》に進《すす》んだ

問六

次の□には漢字を書きなさい。また、（　）には送《おく》りがなを書きなさい。（一つ4点）

(1) 水で□《くすり》を飲《の》む。

(2) □《にわ》の草をぬく。

(3) 重《おも》い□《に》□《もつ》を持《も》つ。

(4) 新しい□《ふで》□《ばこ》を買う。

(5) □（　　）《みじかい》ひもをむすぶ。

3年生で習う漢字の書き取りだよ。わすれてしまった漢字はこの機会《きかい》におぼえよう。

答えは『答えと考え方』

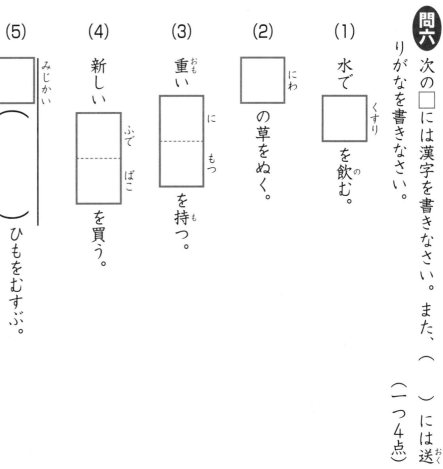

第3回 説明文《せつめいぶん》の読《よ》み取《と》り①

学習日　月　日

得点《とくてん》　／100点

次《つぎ》の文章《ぶんしょう》を読んで、あとの問《と》いに答えなさい。

①「赤の他人《たにん》」ということばがあります。

他人とは「知らない人、自分とつながりのない人」のことです。

では、そのような「他人」が、なぜ「赤い」のでしょうか？

よく考えてみると、「赤の他人」は、ただの知らない人という意味《いみ》ではなく、「まったく知らない人」「ぜんぜんつながりのない人」というように、「他人」を強めていう言い方になっていますね。

そこで、②「赤」という漢字《かんじ》を調《しら》べてみると、もともとは「火がさかんにもえている」という意味をもっていました。この意味が「明るい」につながったと考えられます。赤いアタイヨウが東の空からのぼってくると、世《よ》の中《なか》が明るくなります。そして、この「明るい」が「明らかな」という意味をもつようになったのです。

つまり、「赤の他人」は「明らかに他人」という意味

問一 ——①、「赤の他人」は「他人」とくらべるとどのような言い方になっていますか。文中の言葉《ことば》を用いて十五字以内《いない》で書きぬきなさい。（20点）

問二 ——②、このけっか、どのようなことがわかりましたか。次の文の（**カ**）～（**ク**）にあてはまる言葉を文中から書きぬきなさい（**カ**は十一字・**キ**は三字・**ク**は四字）。（一つ10点）

もともとの「（**カ**）」という意味が「（**キ**）」という意味につながって、「（**ク**）」という意味をもつようになったということ。

カ

になるわけです。

「赤」にはこのほかに、「まったく、まるっきり」という強調《きょうちょう》の意味もあります。「真《ま》っ赤《か》なうそ」ということばがそうですね。これも「明らかな」という意味の「赤」が、（あ）をイアラワしています。「うそ」に赤い色がついているわけではありませんからね。

ほかにも、「赤っぱじをかく」（ひどいはじをかく）「赤はだか」（まっぱだか、まったくのはだかであること）などでも「赤」が使《つか》われています。

こう見てくると、「赤」はあまりいい意味に使われていない感《かん》じがしますね。

しかし、「赤」は「明るい」に通じているわけですから、もともとは「よごれやくもりのない、きよらかなじょうたい」を意味していました。今はほとんど使われてないことばですが、③「赤心《せきしん》」のように、いつわりのない誠《せい》実《じつ》な心、という意味の熟語《じゅくご》もあります。

キ

ク

問三 （あ）にあてはまる言葉を次の中から一つえらび、記号《きごう》を○でかこみなさい。（20点）

ア　明らかに本当のことを言っているという意味
イ　うそかどうかまったくわからないという意味
ウ　わかりきっている、はっきりしたという意味
エ　ぼんやりしていてよくわからないという意味

問四 ――③、「赤心」の「赤」は、どのようなじょうたいを表していますか。文中から二十一字で書きぬきなさい。（20点）

問五 ――ア、イのカタカナを漢字に直しなさい。（一つ5点）

ア

イ

青木伸生《あおきのぶお》『国語のなぞ』（草土文化刊《そうどぶんかかん》）

答えは『答えと考え方』

第4回 音や様子《ようす》を表《あらわ》す言葉《ことば》を使《つか》ってみよう

学習日　月　日

今回は、音や様子を表す言葉を使ってお話を作ってみましょう。たとえば次《つぎ》の絵には、どんな音や様子を表す言葉があうでしょうか。

風が強くふいていて、男の子がふるえているね。

この絵の場合、風が強くふいている音は「びゅうびゅう」、男の子がふるえている様子は「がくがく」などの言葉を使って表すことができます。なおとさんのようにどんな場面《ばめん》なのかをとらえて、絵にあう音や様子を表す言葉を考えましょう。

音や様子を表す言葉を使うと、場面が生き生きと表現《ひょうげん》できるよ。さあ、絵を見て音や様子を想像《そうぞう》してみよう。

やってみよう

1 次の絵を見て、（　　）にあてはまる、音や様子を表す言葉を考えて書きましょう。

(1)

とびらを（　　　　）とたたく。

(2)

太陽《たいよう》が（　　　　）とかがやいている。

❷ 次の、音や様子を表す言葉にあう場面を考えて、自由《じゆう》に文を作りましょう。

(1) ふかふか

(2) ぐらぐら

(3) そよそよ

❸ 音や様子を表す言葉を使って、次の絵にあうお話を自由に作りましょう。

(1)

(2)

答えは『答えと考え方』

第5回

物語《ものがたり》の読《よ》み取《と》り②

国語

次《つぎ》の文章《ぶんしょう》を読んで、あとの問《と》いに答えなさい。

ラマは、さくから顔をつきだして、なにかもんくをいっています。

「きみ、きのうの夜のぼくのゆめを、たべちゃっただろ。」

「そうだったかな。」

ラマの（あ）と、バクの（い）が、ならびます。

バクはふだんは、わるいゆめしかたべません。でも、きのうの夜中は、あんまりおなかがへったので、いいゆめか、わるいゆめか、たしかめもせずに、①となりのこやのラマが見ていたゆめを、たべてしまったのです。

「そうだったかな、じゃないよ。どうして、ぼくのゆめをたべちゃったのさ。おかげで、一《ひと》ばん、たいくつだったじゃないか。」

「でも、ぼくはきみのゆめなんか、たべなかったような気がするけど。」

「うそつけ。②とってもいいゆめだったのに。」

「とってもいいゆめだなんて、ただ、空を見ているだけ

問一 （あ）・（い）にあてはまる言葉《ことば》の組み合わせを次の中から一つえらび、記号《きごう》を○でかこみなさい。（15点）

ア あ＝おこり顔　い＝ふへい顔

イ あ＝ねぼけ顔　い＝おこり顔

ウ あ＝とぼけ顔　い＝ねぼけ顔

エ あ＝ふへい顔　い＝とぼけ顔

問二 ――①、バクはなぜラマのゆめをたべてしまったのですか。「〜から。」につづく形で文中から十一字で書きぬきなさい。（20点）

から。

問三 ――②、ラマはどのようなゆめを見ていたのですか。文中の言葉を用いて書きなさい。（25点）

学習日　月　日

得点《とくてん》　／100点

のゆめだったじゃないか。」

③バクはそういってから、しまったと思いました。ラマのゆめをたべていなければ、それが空を見ていたゆめだったなんて、わからないからです。でも、しまったと思ったときには、もうおそかったのです。

「ほら、やっぱりたべたんじゃないか。たべていなければ、空のゆめだなんて、わからないだろ。しょうじきにいえよ。たべたんだろ。」

バクは、どうやってとぼけようか、かんがえましたが、いいあんがうかびません。それで、④長い鼻《はな》を右、左にふって、

「ぼくはバクだ。」

なんて、かんけいないことをいって、ごまかそうとしました。

問四 ――③、なぜバクはしまったと思ったのですか。次の文の（ア）・（イ）にあてはまる言葉をそれぞれ五字で文中から書きぬきなさい。（一つ10点）

（ア）をたべていなければ（イ）ことを、ラマにしゃべってしまったから。

ア

イ

問五 ――④、長い鼻を右、左にふっていたときのバクの気持《きも》ちとしてあうものを次の中から一つえらび、記号を○でかこみなさい。（20点）

ア ゆめをたべられなくてくやしい気持ち。
イ ゆめをたべたことを反省《はんせい》する気持ち。
ウ ゆめをたべたことをごまかしたい気持ち。
エ ゆめをたべられてはらを立てる気持ち。

斉藤洋《さいとうひろし》『どうぶつえんの いっしゅうかん』（講談社刊《こうだんしゃかん》）

答えは『答えと考え方』

国語

第6回 漢字《かんじ》・言葉《ことば》の学習《がくしゅう》②

学習日　　月　　日

得点《とくてん》　　／100点

問一 次《つぎ》の(1)〜(4)の（　）にあてはまる体の部分《ぶぶん》の名前をあとの［　］の中から一つずつえらび、慣用句《かんようく》をかんせいさせなさい（同じ語を二回使《つか》わないこと）。（一つ5点）

(1) （　　　）をかかえる。
〈意味《いみ》〉こまって考えこむ。

(2) （　　　）がいたい。
〈意味〉聞いているのがつらい。

(3) （　　　）から手がでる。
〈意味〉ほしくてたまらない。

(4) （　　　）を引っぱる。
〈意味〉じゃまをする。

［首　のど　足　目　耳　頭］

問二 次の(1)〜(3)のことわざの意味を、あとの**ア**〜**ウ**から一つずつえらび、記号《きごう》を○でかこみなさい。（一つ6点）

(1) 石橋《いしばし》をたたいてわたる
ア 言いわけをして行動《こうどう》しないこと。
イ 思い立ったらすぐ行動すること。
ウ よく用心して行動すること。

(2) さるも木から落《お》ちる
ア 名人でもときにはしっぱいをするということ。
イ 名人はめったにしっぱいをしないということ。
ウ 名人のすることでも安心《あんしん》できないということ。

(3) なき面《つら》にはち
ア 相手《あいて》に仕返《しかえ》しをすること。
イ 不幸《ふこう》に不幸が重《かさ》なること。
ウ 幸運《こううん》がおとずれること。

国語

問三 次の(1)・(2)の文の――は、どんな様子《ようす》を表現《ひょうげん》していますか。あとの**ア**〜**ウ**から一つずつえらび、記号を書きなさい。（一つ6点）

(1) てれている妹のほおは<u>りんごのようだ</u>。

ア 赤くなっている様子。
イ 丸くなっている様子。
ウ かたくなっている様子。

(2) 今日はつめたい風がふいて、まる<u>でれいぞう庫《こ》の中にいるようだ</u>。

ア あまり寒《さむ》くない様子。
イ 天気が悪《わる》い様子。
ウ とても寒い様子。

問四 次の文を【れい】にならって、たとえる言葉を使った文に書きかえなさい。（15点）

【れい】 父はおこるとこわい。
→父はおこると<u>おにのように</u>こわい。

・兄は足が速《はや》い。

問五 次の□には漢字を書きなさい。また、（　）には送《おく》りがなを書きなさい。（一つ5点）

(1) 水が□《こおり》になる。

(2) □《しま》をたんけんする。

(3) 列車《れっしゃ》が□《てっ》□《きょう》を通る。

(4) 車を□《うん》□《てん》する。

(5) □《ゆう》□《めい》な本を読む。

(6) 走ったあとは息《いき》が□（　）《くるしい》。

(7) 入場が□（　）《はじまる》。

答えは『答えと考え方』

第7回 説明文《せつめいぶん》の読《よ》み取《と》り②

国語

学習日
月　日

得点《とくてん》
／100点

次《つぎ》の文章《ぶんしょう》を読んで、あとの問《と》いに答えなさい。

水はわたしたちの生活になくてはならないものです。料理《りょうり》を作るため、飲《の》むため、おふろにもせんたくにも使《つか》いますね。しかもよごれていないきれいな水がひつようです。そんな水が、じゃ口《ぐち》をひねるだけで出てくるのをふしぎに思ったことはありますか。（ あ ）、あたりまえだと思っていましたか。じゃ口をひねるだけで水が出るのは、国と都道府県《とどうふけん》、市町村が、水道をつくったからです。

①世界《せかい》の国の中には、水道のない地域《ちいき》がたくさんあります。そういうところでは、深《ふか》い井戸《いど》をほったり、遠くの川まで水をくみに行ったりしないと水が手に入りません。しんじられないかもしれませんが、子どもたちが毎日一日中水運《みずはこ》びをしている地域もあります。②その子たちは学校へ行くひまもありません。

日本では江戸時代《えどじだい》にさいしょの水道がつくられました。人びとがけんこうでべんりなくらしができるように、

問一 （ あ ）にあてはまる言葉《ことば》を次の中から一つえらび、記号《きごう》を○でかこみなさい。（15点）

ア しかし　**イ** だから

ウ そこで　**エ** それとも

問二 ——①、水道のない地域では、水を手に入れるためにどうしているのですか。二つ書きなさい。（一つ15点）

・

・

問三 ——②、「その子たち」とはどのような子たちですか。文中の言葉を用いて二十字以内《いない》で書きなさい。（20点）

水道は次つぎつくられていきました。地域ごとに、川や湖《みずうみ》、地下から水を引きます。そしてじょう水場で、ごみや細きんを取《と》りのぞき、安全《あんぜん》できれいな水にします。そうした水が、地下の水道管《すいどうかん》を通ってわたしたちの家までとどいているのです。

③水道をつくるためにたくさんのお金がかかりました。水道を管理してきれいな水を送《おく》りつづけるために、今でもお金がかかっています。じゃ口からいきおいよく出るように、電気を使って力もくわえています。ですから、水はただではありません。おうちの人が水道の代金をちゃんとはらっているのです。お金をはらわないと水道は止まるようになっています。

また水だけではなく、電気もガスもお金をはらって使っているのです。だから④出しっぱなし、つけっぱなしは、しげんもお金もむだづかいしていることになります。たくさんの人の努力《どりょく》によってとどけられたしげんを、大切に使いたいですね。

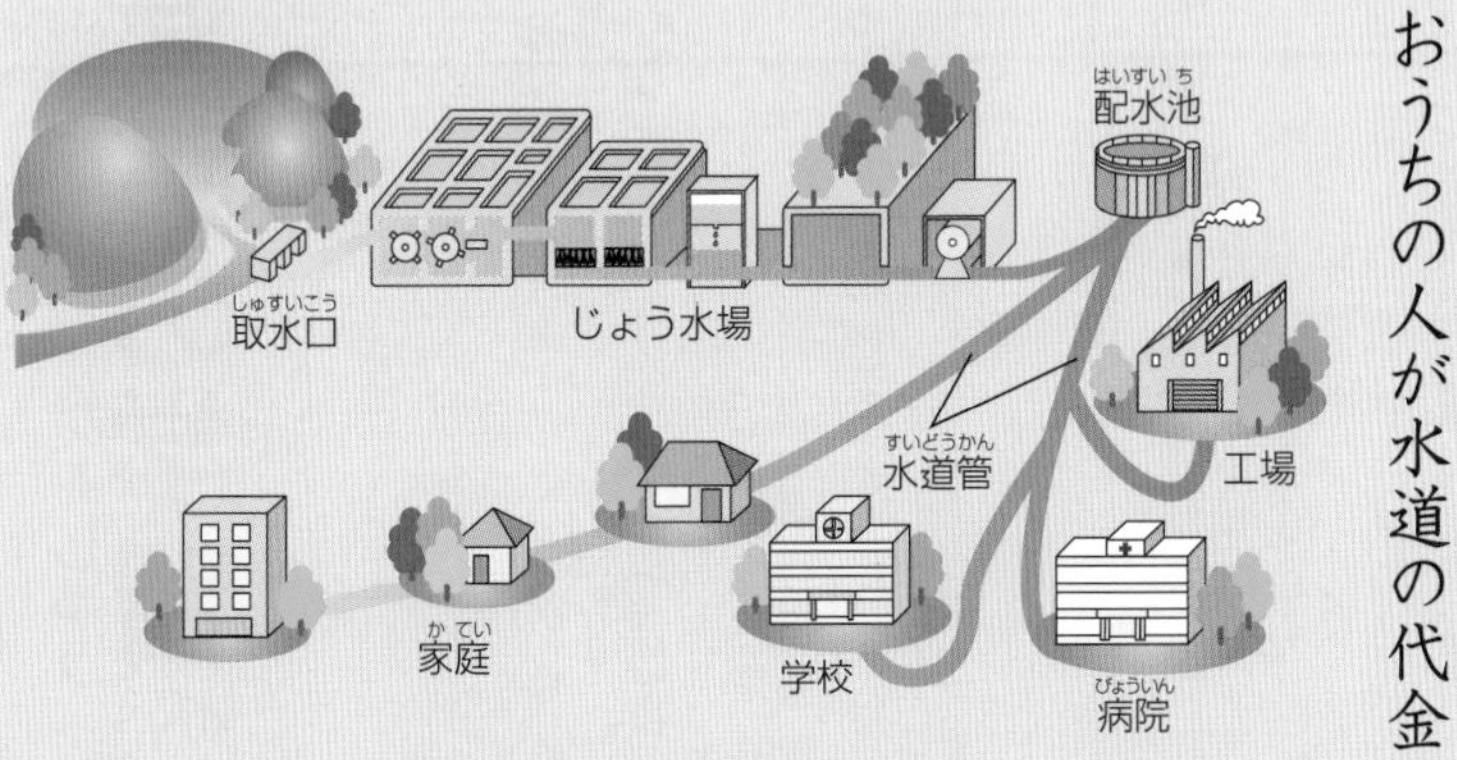

取水口《しゅすいこう》
じょう水場
配水池《はいすいち》
工場
水道管《すいどうかん》
家庭《かてい》
学校
病院《びょういん》

問四 ――③、何のためにたくさんのお金をかけて水道をつくってきたのですか。次の文の（　）にあてはまる言葉を文中から十二字で書きぬきなさい。（15点）

人びとが（　　　　）ができるようにするため。

問五 ――④、このことについて、筆者《ひっしゃ》はどのように考えていますか。筆者の考えにあうものを次の中から一つえらび、記号を○でかこみなさい。（20点）

ア しげんは努力して手に入れるべきである。

イ しげんは大切に使っていくべきである。

ウ お金はきちんとはらわなくてはいけない。

エ しげんはたくさん使うほうがよい。

橋本五郎《はしもとごろう》監修《かんしゅう》『なぜ？どうして？社会のお話』（学研刊《がっけんかん》）

答えは『答えと考え方』

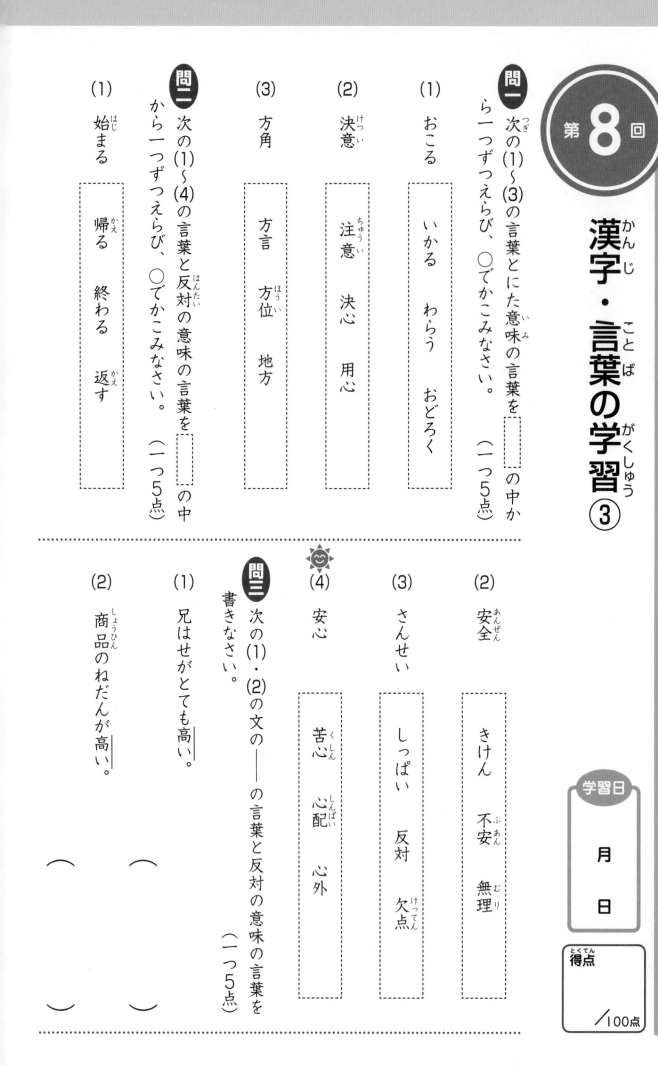

第8回

漢字《かんじ》・言葉《ことば》の学習《がくしゅう》③

国語

学習日　　月　　日

得点《とくてん》　　／100点

問一 次《つぎ》の(1)～(3)の言葉とにた意味《いみ》の言葉を［　］の中から一つずつえらび、○でかこみなさい。（一つ5点）

(1) おこる　［いかる　わらう　おどろく］

(2) 決意《けつい》　［注意《ちゅうい》　決心　用心］

(3) 方角　［方言　方位《ほうい》　地方］

問二 次の(1)～(4)の言葉と反対《はんたい》の意味の言葉を［　］の中から一つずつえらび、○でかこみなさい。（一つ5点）

(1) 始《はじ》まる　［帰《かえ》る　終わる　返《かえ》す］

(2) 安全《あんぜん》　［きけん　不安《ふあん》　無理《むり》］

(3) さんせい　［しっぱい　反対　欠点《けってん》］

(4) 安心　［苦心《くしん》　心配《しんぱい》　心外］

問三 次の(1)・(2)の文の——の言葉と反対の意味の言葉を書きなさい。（一つ5点）

(1) 兄はせがとても高い。　（　　　）

(2) 商品《しょうひん》のねだんが高い。　（　　　）

問四 次の(1)・(2)の――の言葉は、**ア**・**イ**のどちらの漢字で書くのが正しいですか。記号《きごう》を○でかこみなさい。（一つ4点）

(1) 人にしんせつにしてもらう。

ア 親切　**イ** 新雪

(2) 図書いいんの仕事《しごと》をしっかり行う。

ア 医院《いいん》　**イ** 委員《いいん》

問五 次のそれぞれの□にあてはまる漢字を書きなさい。（一つ3点）

(1)
① となりの□《し》に行く。
② □《し》を書いて発表《はっぴょう》する。

(2)
① □《き》□《しゃ》に乗《の》って旅《たび》に出る。
② □《き》□《しゃ》が取材《しゅざい》をする。

問六 次の□には漢字を書きなさい。また、（　）には送《おく》りがなを書きなさい。（一つ5点）

(1) □《さら》をあらう。

(2) けがをして□《ち》が出た。

(3) 植物《しょくぶつ》の□《しゃ》□《しん》をとる。

(4) みんなで□《びょう》□《どう》に分ける。

(5) □《ぎん》□《いろ》にかがやく。

(6) □《しゅく》□《だい》をすませる。

(7) □（　）《うつくしい》花がさいた。

答えは『答えと考え方』

第9回 物語《ものがたり》の読《よ》み取《と》り③

学習日　月　日

得点《とくてん》　／100点

次《つぎ》の文章《ぶんしょう》を読んで、あとの問《と》いに答えなさい。

バトンをうけとったしゅんかん、おねえちゃんの足は、ア ジメンをけってちゅうをとんでいました。おねえちゃんのあの走りです。三組をぬきました。二組もぬきました。みごと一着《ちゃく》でゴールインです。

一組チームの優勝《ゆうしょう》をきめました。

達也《たつや》は四年二組です。それでもおねえちゃんチームの優勝が（　あ　）、心のうちでバンザイをさけんでいました。

①せいせき発表《はっぴょう》です。

それが、なんと——。

「一組チームのアンカー、上野加奈《うえのかな》は、テーク・オーバー・ゾーンから一メートルほどはみだしたところで、バトンパスをしてしまっていました。しっかくです」

体育主任《たいいくしゅにん》の岡田《おかだ》先生の、きびしい声です。〈前の走者《そうしゃ》が近くまできたら走りだして、走りながらうでを後ろへのばして、バトンをうけとる。バトンのうけわたしをす

問一　（　あ　）にあてはまる言葉《ことば》を次の中から一つえらび、記号《きごう》を○でかこみなさい。（15点）

ア　つらくて　　**イ**　くやしくて

ウ　ふしぎで　　**エ**　うれしくて

問二　——①、どのようなことが発表されましたか。次の文の（**カ**）・（**キ**）にあてはまる言葉を文中から書きぬきなさい（**カ**は二字・**キ**は四字）。（一つ15点）

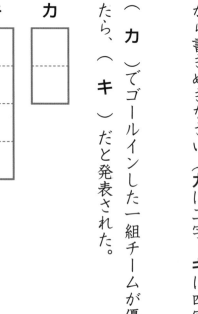

（**カ**）でゴールインした一組チームが優勝かと思ったら、（**キ**）だと発表された。

カ

キ

るテーク・オーバー・ゾーンは二〇メートルある。このなかでうけわたす〉というきまりがありました。

おねえちゃんは、五年生の選手上原《せんしゅうえはら》くんをまちながら、ゾーンのなかを走っていました。そして②ゾーンからはみだしたところで、バトンをうけとっていたのでした。勝《か》ちたい思いだけで、あせっていました。だいじなやくそくごとをわすれていたのです。

しっぱいでした。

③おねえちゃんは下をむいたまま、小さく小さく、体をまるめるばかりでした。達也だって小さくなって、おねえちゃんをみつめているだけです。

家にイカエると、おとうさんはしずかにいいました。

「しっぱいはだれにもあるさ。しっぱいするから大きくなれるんだよ」

「それでもさ、テープを切ってみたんじゃあないの。みごとな走りだったわよ」

おかあさんもそういって、はげましました。

問三 ――②、なぜおねえちゃんはそんなことをしてしまったのですか。文中の言葉を用いて書きなさい。（25点）

問四 ――③、このときおねえちゃんはどのような気持《きも》ちだったと考えられますか。次の中から一つえらび、記号を○でかこみなさい。（20点）

ア 何が起《お》きたのかわからずにおろおろする気持ち。

イ 優勝できなかったことにいらいらする気持ち。

ウ しっぱいしてしまったことにがっかりする気持ち。

エ しっぱいしたことはしかたがないと思う気持ち。

問五 ――**ア**、**イ**のカタカナを漢字《かんじ》に直しなさい。（一つ5点）

ア

イ

宮川《みやかわ》ひろ『しっぱいに　かんぱい！』（童心社刊《どうしんしゃかん》）

答えは『答えと考え方』

国語

第10回 絵を見てお話を作ろう

今回は、絵を見てお話を作ってみましょう。次《つぎ》の絵は、どんな場面《ばめん》でしょうか。また、男の子がなんと言っているのか、せりふを考えてみましょう。

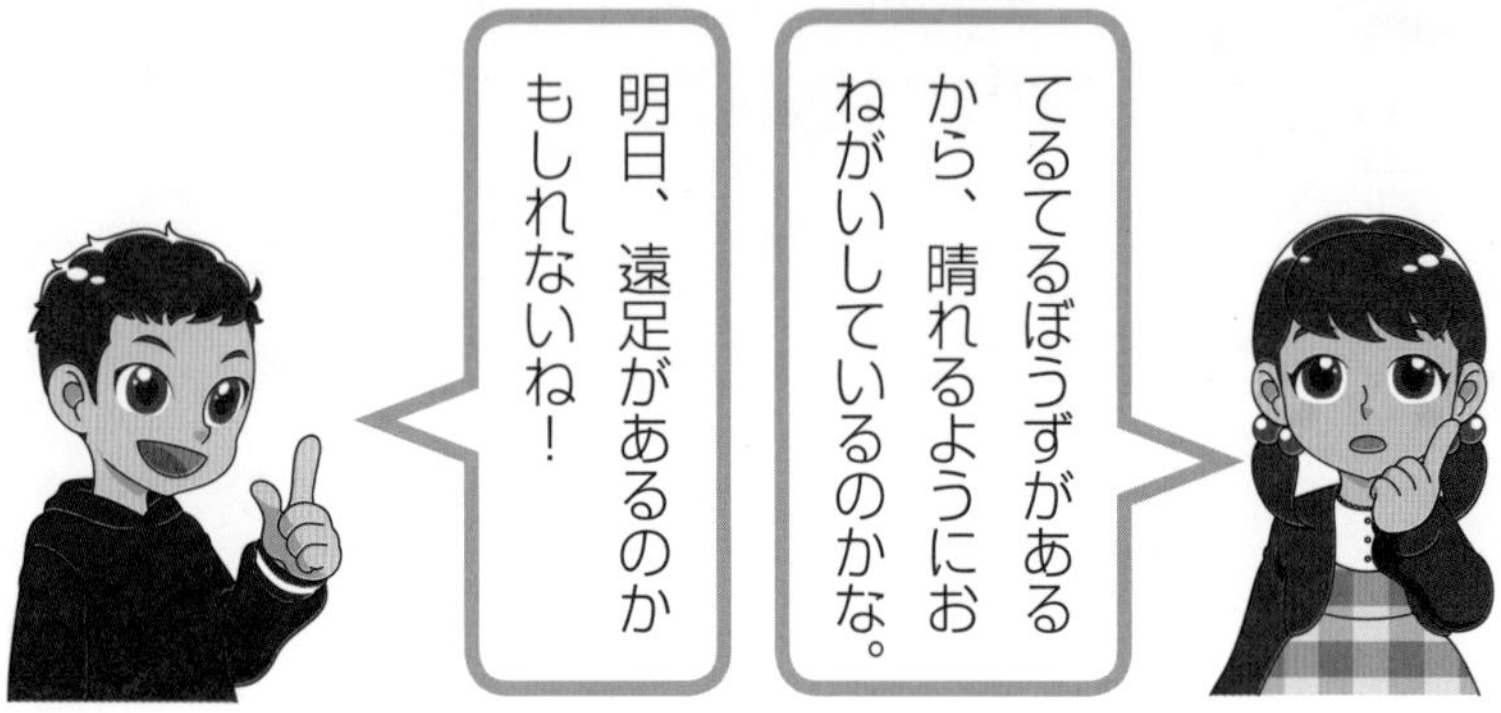

てるてるぼうずがあるから、晴れるようにおねがいしているのかな。
明日、遠足があるのかもしれないね！

お話を作るときには、「絵のようになる前に何が起《お》こったのか」「このあと何が起こるのか」を考えましょう。絵に登《と》場《じょう》している人や動物《どうぶつ》の表《ひょう》情《じょう》にも注目《ちゅうもく》するとよいですね。

せりふを考えるときには、男の子の気《き》持ちを想像《そうぞう》することが大切です。この場合は、「明日、晴れますように。」などのせりふが、絵にあいますね。

《せりふを考えるポイント》
① 絵の中の人物の気持ちを想像する。
② その人の様子《ようす》や表情にぴったりの口《く》調《ちょう》を考えて書く。

絵をよく見てどんな場面なのかを想像してね。そして、人物になりきってせりふを考えよう。

学習日　月　日

やってみよう

1 次の絵にえがかれた人物がなんと言っているか、せりふを考えて書きましょう。

(1)

くま

女の子

(2)

男の子

お店の人

2 次の絵にえがかれた人物がなんと言っているか、せりふを考えて、絵にあうお話を自由《じゆう》に作りましょう。

(1)

(2)

答えは『答えと考え方』

第11回 説明文《せつめいぶん》の読《よ》み取《と》り③

国語

次《つぎ》の文章《ぶんしょう》を読んで、あとの問《と》いに答えなさい。

イワシやカツオ、メダカなど、魚には、まぶたがありません。目はあいたままですから、いつ見ても、おきているように見えます。そのため、もし、ねむっているときに見たとしても、ねむっているかどうかは、わかりません。

魚は、ねむるのでしょうか。ねむるとしたら、いつねむるのでしょうか。

岸《きし》に近いあさい海に、①ベラという、きれいな魚がいます。ベラは、昼間、えさをもとめて、海の中を泳《およ》ぎまわります。しかし夜になると、海底《かいてい》のすなの中や、岩かげにもぐりこんで、うごかなくなります。ベラは、すなの中や岩かげで、ねむっているのです。

メダカやイワナなどの川の魚は、えさになる小さい虫をもとめて、川を泳ぎまわります。しかし、②岩のかげや石の下にひそんでいることもあります。つりをする人や、鳥など、てきから身《み》をまもるためですが、そうやっ

問一 ――①、ベラは、いつ、どこでねむっていますか。文中の言葉《ことば》を用いて書きなさい。（20点）

問二 ――②、川の魚は、何のために岩のかげや石の下にひそんでいるのですか。文中から十一字で書きぬきなさい。（15点）

問三 ――③、海の魚がいつ、どこでねむるのか、わかっていないのはなぜですか。文中の言葉を用いて書きなさい。（20点）

学習日　月　日

得点《とくてん》　／100点

てねむっている、とも考えられています。

　このように、毎日の生活のようすをよく見ていると、魚が、いつ、どこでねむるのかがわかります。

　でも、③イワシやカツオなどの海の魚については、いつ、どこでねむるのか、わかっていません。広い海を泳ぎまわっているので、毎日の生活をかんさつすることができないからです。これらの魚は、大きなむれをつくって、まとまって泳ぐので、ぜんぜんねむらないか、泳ぎながら数秒間《すうびょうかん》、ねむることをくりかえしているのだろうと、考えられています。

　わたしたち人間のまぶたは、目をまもるためのものです。また、ときどきぱちぱちとまばたきして、目の中になみだをながし、目がかわかないようにする、はたらきもしています。でも、魚は、いつも水の中にいるので、まばたきをするひつようはありません。そのため、④魚にはまぶたがないのです。

問四　——④、なぜ魚にはまぶたがないのですか。文中の言葉を用いて書きなさい。（25点）

問五　問題文《もんだいぶん》の内容《ないよう》としてあうものを次の中から一つえらび、記号《きごう》を○でかこみなさい。（20点）

ア　海の魚は、泳ぎながら何時間でもねむることができると考えられている。

イ　魚のようすをよくかんさつしていると、ねむっているかどうかがはっきりわかる。

ウ　川の魚は、岩のかげや石の下にひそんでいるときにねむっていると考えられている。

エ　海の魚は、大きなむれをつくって、ほとんどねむりながら泳いでいる。

久道健三《ひさみちけんぞう》『科学なぜどうして　三年生』（偕成社刊《かいせいしゃかん》）

答えは『答えと考え方』

第12回 漢字《かんじ》・言葉《ことば》の学習《がくしゅう》④

国語

問一 次《つぎ》の(1)・(2)の漢字の部首《ぶしゅ》と部首の名前を書きなさい。（両方《りょうほう》できて一つ5点）

部首　　部首の名前

(1) 終（　　）・（　　）

(2) 秋（　　）・（　　）

問二 次の〈へん〉と〈つくり〉をそれぞれ一つずつ組み合わせて、漢字を五つ作りなさい（同じへん・つくりを二回使《つか》わないこと）。（一つ3点）

〈へん〉　阝　氵　扌　木　亻

〈つくり〉　本　完　直　寺　羊

□　□　□　□　□

問三 次の文の――の漢字の読み方をそれぞれ書きなさい。（一つ3点）

(1)
① 弟は元気がいい。（　　）
② 元にもどる。（　　）

(2)
① 今日は春分の日だ。（　　）
② 春休みになる。（　　）

(3)
① みんなで校歌を歌う。（　　）
② 大きな歌声が聞こえる。（　　）

(4)
① 場所《ばしょ》を指定する。（　　）
② 親指にけがをする。（　　）

学習日　月　日

得点《とくてん》　／100点

問四 次の(1)・(2)の文の（　）にあてはまる言葉をあとの[　]の中から一つずつえらび、（　）に書きなさい。（一つ4点）

(1)「遠くに見えるあのたてものは、何ですか。」

「（　　）は、新しくできた図書館《としょかん》です。」

[これ　あれ　どれ]

(2)「きのう、引っこしてきたばかりです。」

「（　　）から引っこしてきたの。」

[ここ　そこ　どこ]

問五 次の(1)・(2)の文の――のこそあど言葉は、**ア**～**ウ**のどの言葉を指していますか。記号《きごう》を○でかこみなさい。（一つ4点）

(1) 店のたなのいちばん上に本がある。それを取《と》ってほしいとたのんだ。

ア 店　**イ** たな　**ウ** 本

(2) 去年《きょねん》、となり町の駅《えき》のそばに大きな遊園地《ゆうえんち》ができた。今度《こんど》の日曜日、そこに行く予定《よてい》だ。

ア となり町　**イ** 駅　**ウ** 遊園地

問六 次の□には漢字を書きなさい。また、（　）には送りがなを書きなさい。（一つ5点）

(1) □《なみ》の音が聞こえる。

(2) □《みなと》に船が着く。

(3) 物語を読《よ》んだ□《かん》□《そう》をつたえる。

(4) □《こう》□《きゅう》な食材《しょくざい》を使う。

(5) □《しゅく》□《だい》をすませる。

(6) つくえの上を□（　）《ととのえる》。

(7) 明日は六時に□（　）《おきる》。

答えは『答えと考え方』

❷ 右の図は，火事《かじ》が起《お》きたときのれんらくのしくみをかんたんに表《あらわ》したものです。次《つぎ》の問いに答えなさい。(50点)

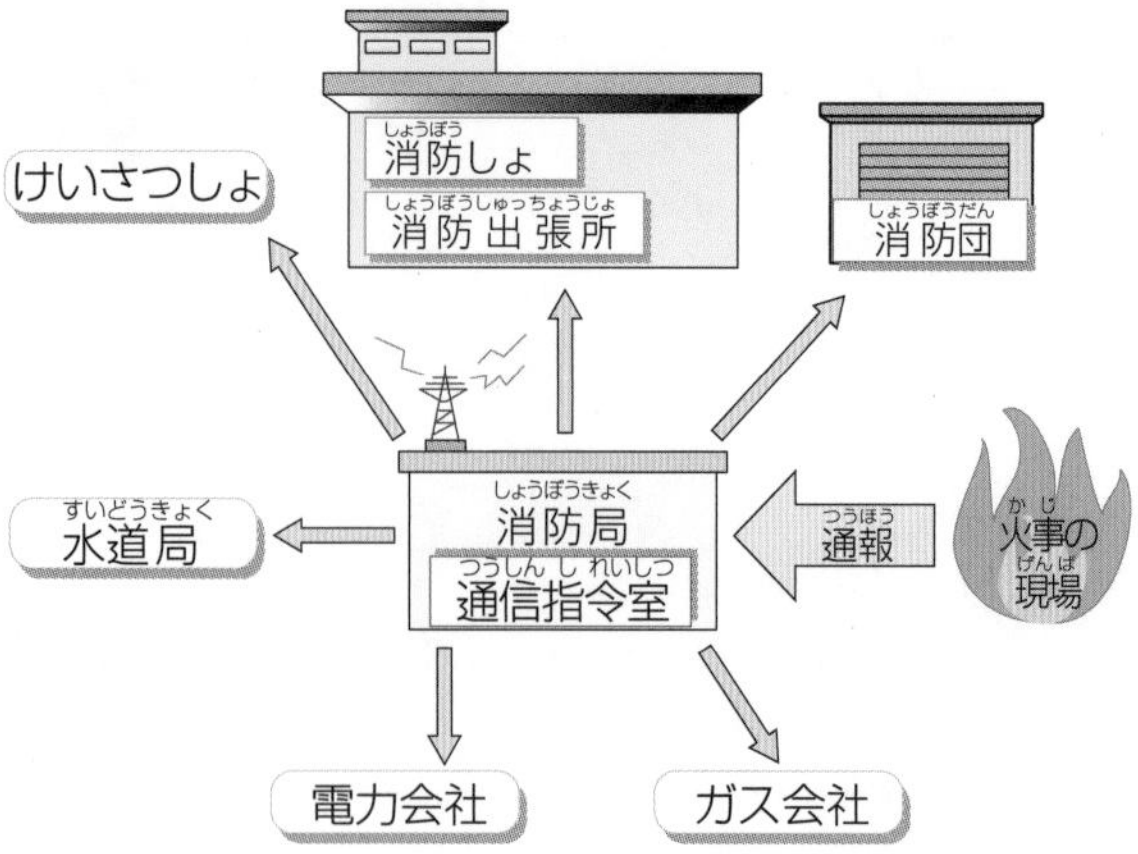

(1) 火事が起きたとき，何番に通報《つうほう》すると，消防局《しょうぼうきょく》の通信指令室《つうしんしれいしつ》につながりますか。電話番号《でんわばんごう》を書きなさい。(10点)

（　　　　番）

(2) 出動《しゅつどう》の指令《しれい》を受《う》けた後の消防《しょうぼう》しょの人たちの動《うご》きについて説明《せつめい》した次の文章《ぶんしょう》の①～④の（　　）にあてはまる言葉《ことば》を，下の**ア**～**オ**の中から1つずつえらび，書きなさい。(それぞれ5点)

> 消防士《しょうぼうし》は，ポンプ車やはしご車などの（ ① ）に乗《の》って現場《げんば》にかけつけます。そして，（ ② ）にホースをつなぐなどして放水《ほうすい》し，（ ③ ）活動を行います。また，消防しょからは救急車《きゅうきゅうしゃ》も出動し，現場で（ ④ ）されたけが人などを病院《びょういん》へ運《はこ》びます。

ア 消火　**イ** 消防自動車《しょうぼうじどうしゃ》　**ウ** 消火《しょうか》せん　**エ** 消火器《しょうかき》　**オ** 救助《きゅうじょ》

①（　　）　②（　　）　③（　　）　④（　　）

(3) 図中の「けいさつしょ」について，あとの問いに答えなさい。

① けいさつしょは，火事が起きたとき，消防局の通信指令室からどのようなれんらくを受けますか。次の**ア**～**ウ**の中から1つえらび，記号を書きなさい。(10点)

ア 水をたくさん出してください。
イ きけんなのでガスを止めてください。
ウ 交通整理《こうつうせいり》などをおねがいします。

（　　）

② 交通事故《こうつうじこ》などが起きたとき，110番通報の電話を受けて，けいさつしょやパトロールカーなどにれんらくする通信指令室（110番センター）があるのはどこですか。次の**ア**～**ウ**の中から1つえらび，記号を書きなさい。(10点)

ア 交番　**イ** 交通かんせいセンター　**ウ** けいさつ本部《ほんぶ》

（　　）

答えは『答えと考え方』

第3回

店の仕事《しごと》／くらしを守《まも》る仕事

学習日　月　日

得点《とくてん》　／100点

社会

1 ようこさんは，お母さんといっしょに夕ごはんのざいりょうを買いに行くことにしました。会話文を読んで，あとの問《と》いに答えなさい。(50点)

母　　：地元のキャベツとひき肉を買って，ロールキャベツを作ろうか。
ようこ：おやつのときに，オレンジジュースも飲《の》みたいな。
母　　：それなら，(あ)スーパーマーケットに行こう。なぜなら，（ (い) ）。
ようこ：スーパーマーケットにある(う)パン屋《や》で，明日の朝ごはんも買いたいな。

(1) ――(あ)のスーパーマーケットでは，品物《しなもの》をたくさん買ってもらうために，品物を仕入《しい》れるときにもくふうをしています。そのれいとしてまちがっている文を，次《つぎ》の**ア**～**ウ**の中から1つえらび，記号《きごう》を書きなさい。(20点)

ア　品物が売れているかどうかに関係《かんけい》なく，できるだけたくさん仕入れている。
イ　品物をそろえるために，外国で作られたものを仕入れることがある。
ウ　食べ物を仕入れるときは，安全《あんぜん》かどうかに気をつけている。

（　　）

(2) （ (い) ）にあてはまる文として正しいものを，次の**ア**～**ウ**の中から1つえらび，記号を書きなさい。(20点)

ア　お金をはらいこむことなどができるからね
イ　たくさんのしゅるいの品物を売っているからね
ウ　やさいだけを売っていて，店の人がやさいにくわしいからね

（　　）

(3) 次の文は，スーパーマーケットに，――(う)のパン屋など，ほかの店も入っている理由《りゆう》を説明《せつめい》したものです。㋐・㋑の（　　）に入る正しい言葉《ことば》をえらび，○でかこみなさい。(それぞれ5点)

買い物をするときに，(㋐ **いろいろな品物**　・　**めずらしい品物** ）を
(㋑ **1か所《しょ》で**　・　**安く** ）買えるとべんりだから。

(2) やさい作りで――(い)のビニールハウスを使う理由を説明《せつめい》した文としてまちがっているものを，次の**ア**～**ウ**の中から１つえらび，記号を書きなさい。(20点)

ア　雨や風をふせげるから。

イ　いろいろな人に世話《せわ》をしてもらえるから。

ウ　温度《おんど》を調節《ちょうせつ》できるから。

(　　　)

❷ 工場の仕事について，あとの問いに答えなさい。(40点)

(1) 次の文章《ぶんしょう》は，食べ物を作る工場ではたらく人の様子《ようす》や，はたらく人が気をつけていることについて説明《せつめい》したものです。右の絵を見ながら，㋐～㋓の（　　　）に入る正しい言葉《ことば》をえらび，○でかこみなさい。(それぞれ５点)

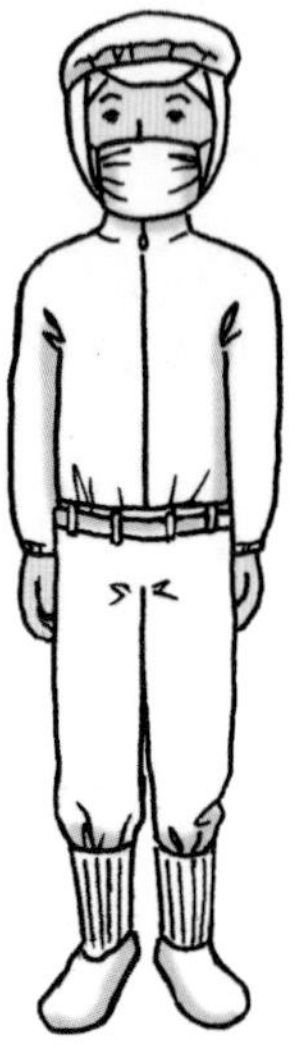

工場ではたらく人の服そう

　工場ではたらく人は，とてもせいけつにしています。(㋐　**黒**　・　**白**　) 色の服《ふく》を着《き》ているのは，よごれが(㋑　**わかりにくい**　・　**わかりやすい**　) ようにするためです。また，かみの毛が工場に落《お》ちないようにするため，(㋒　**ぼうし**　・　**マスク**　) を身《み》につけています。工場に入る前には，このような服そうに着がえてから，服や体についたほこりやかみの毛を落とします。さらに，石けんなどで手をていねいにあらって，(㋓　**けしょう**　・　**消毒**《しょうどく》　) をしてから工場に入ります。

(2) あるパン工場ではたらく人が，どのような方法《ほうほう》で工場に通っているかを表《あらわ》した右のグラフを見て，あとの問いに答えなさい。

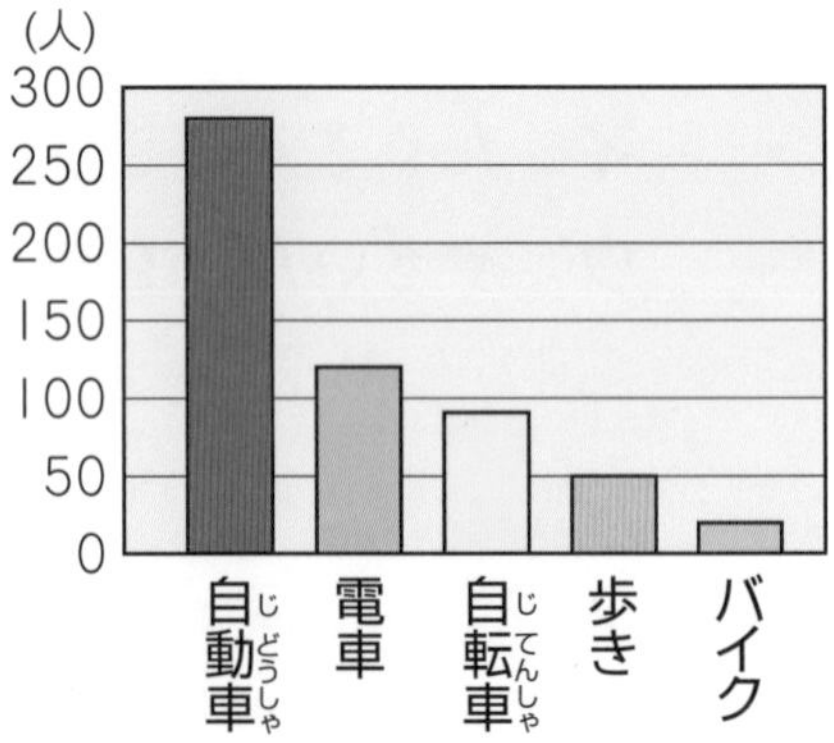

工場に通う方法

① いちばん多くの人が使っている方法は何ですか。グラフからえらんで書きなさい。(10点)

(　　　　　　)

② 50人の人が使っている方法は何ですか。グラフからえらんで書きなさい。(10点)

(　　　　　　)

答えは『答えと考え方』

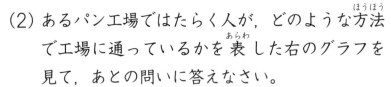

第2回 農家《のうか》の仕事《しごと》／工場の仕事

学習日　月　日

得点《とくてん》　／100点

社会

❶ ようこさんが住《す》んでいるやまだ駅《えき》のあたりは，キャベツ作りがさかんです。会話文を読んで，あとの問《と》いに答えなさい。(60点)

たかし：野球場《やきゅうじょう》からは，㋐キャベツ畑《ばたけ》が見えたよ。農業《のうぎょう》がさかんなんだね。
ようこ：給食《きゅうしょく》でも，地元のキャベツが使《つか》われているよ。
たかし：キャベツ畑のまわりに，㋑ビニールハウスもあったな。農家の人は，くふうをしてやさいを育《そだ》てているんだね。

(1) ――㋐のキャベツ畑について，次《つぎ》の問いに答えなさい。

① 次の**ア**～**ウ**のキャベツ畑で行われる仕事を，キャベツの取《と》り入《い》れまでに行う順番《じゅんばん》にならべかえて，その順番に記号《きごう》を書きなさい。
(全部《ぜんぶ》あっていて20点)

ア 土づくり　**イ** なえを畑に植《う》える　**ウ** 水やり

(　　→　　→　　→ 取り入れ)

② 右の図のように，農家の人は，時期《じき》をずらしながら，キャベツのなえを畑に植えます。その理《り》由《ゆう》を説明《せつめい》した文としてまちがっているものを，次の**ア**～**ウ**の中から1つえらび，記号を書きなさい。(20点)

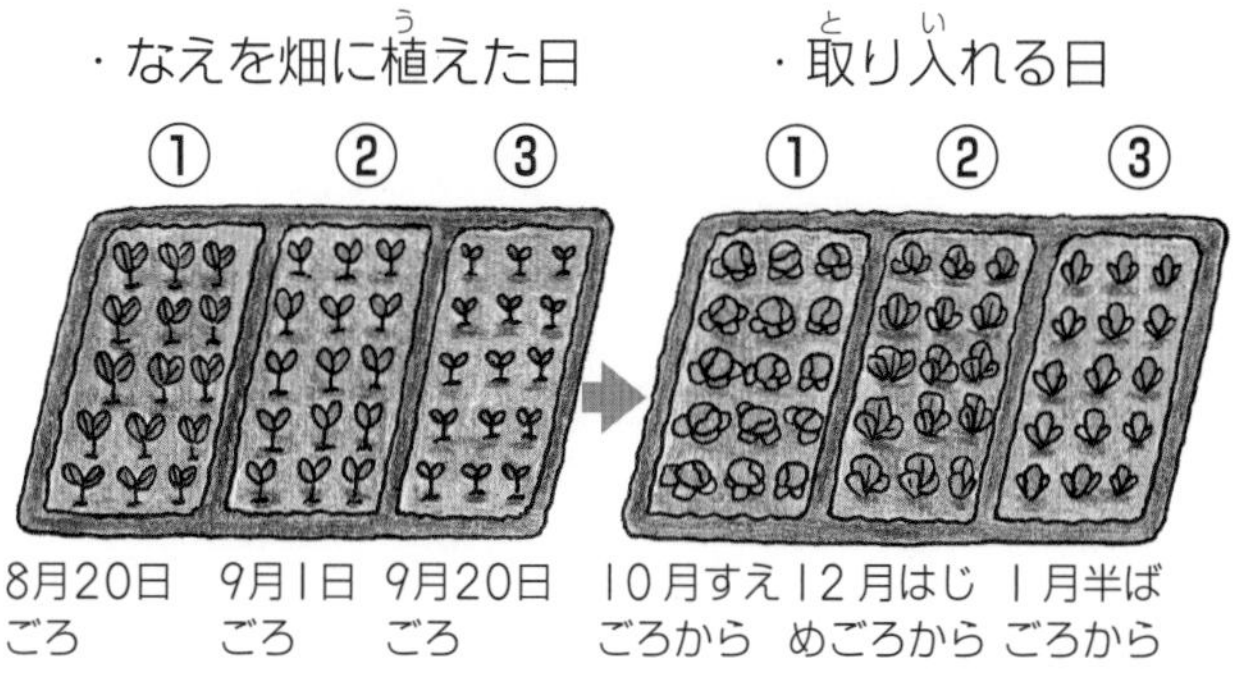
・なえを畑に植《う》えた日
・取《と》り入《い》れる日
①
②
③
①
②
③
8月20日ごろ
9月1日ごろ
9月20日ごろ
10月すえごろから
12月はじめごろから
1月半ばごろから

ア きかいを使って，いっぺんに仕事をするから。
イ 長い期間にわたって，キャベツを出荷《しゅっか》しつづけることができるから。
ウ 畑全体で，いっぺんに取り入れの仕事をするのはたいへんだから。

(　　)

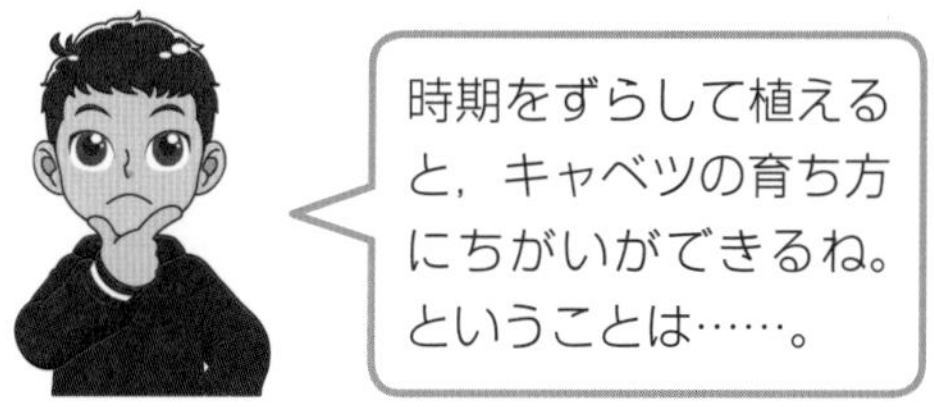
時期をずらして植える
と，キャベツの育ち方
にちがいができるね。
ということは……。

たかしさんがようこさんの家に着きました。

ようこ：たかしさん，いらっしゃい。

たかし：バスの案内《あんない》をありがとう。みなと野球場からやまだ病院にかけて，とても急《きゅう》な坂《さか》でおどろいたよ。

ようこ：やまだ駅《えき》や，やまだ病院は，みなと野球場より土地が高いんだよ。

(3) やまだ駅のまわりの土地の高さや，交通の様子《ようす》を表《あらわ》した地図として正しいものを，次《つぎ》の**ア**～**ウ**の中から1つえらび，記号を書きなさい。(30点)

ア

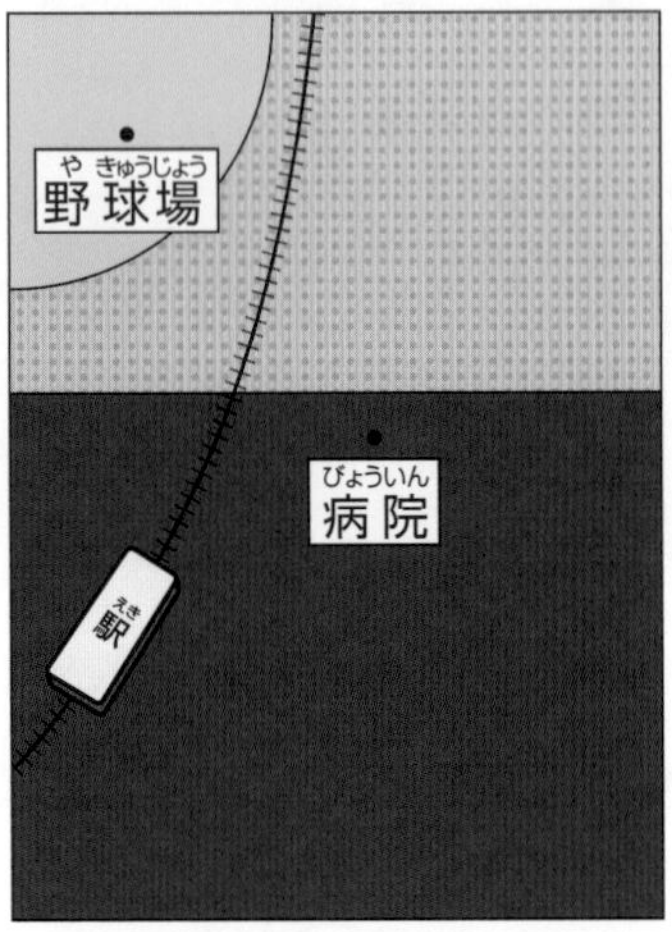
野球場《やきゅうじょう》
病院《びょういん》
駅《えき》

イ

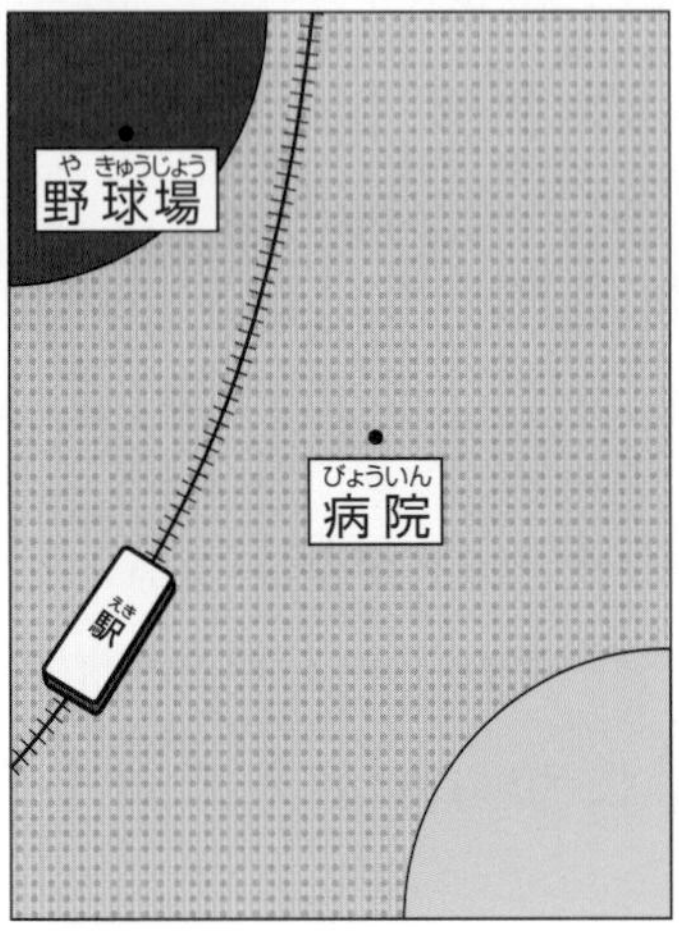
野球場《やきゅうじょう》
病院《びょういん》
駅《えき》

ウ

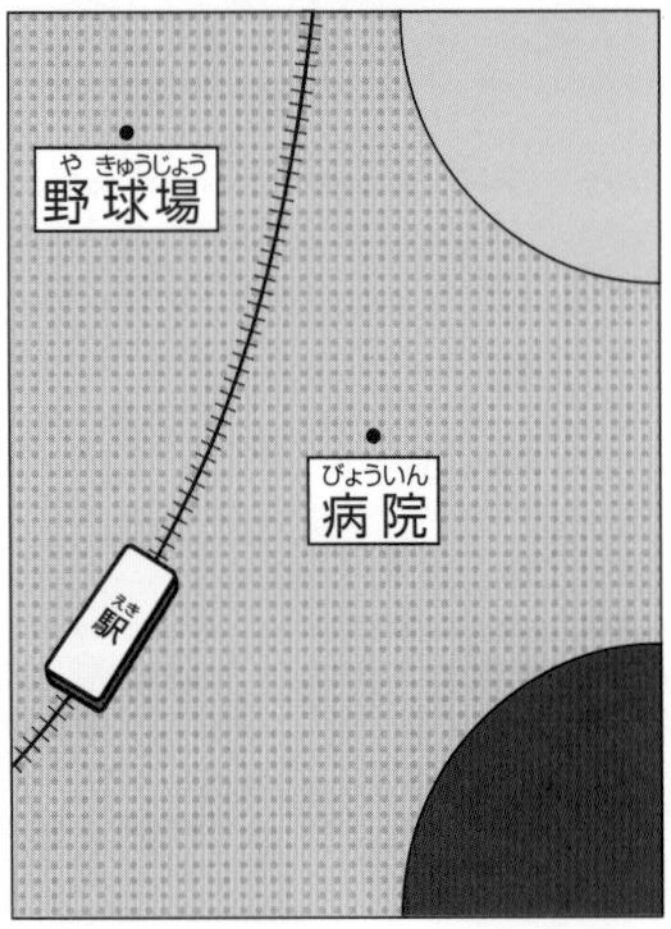
野球場《やきゅうじょう》
病院《びょういん》
駅《えき》

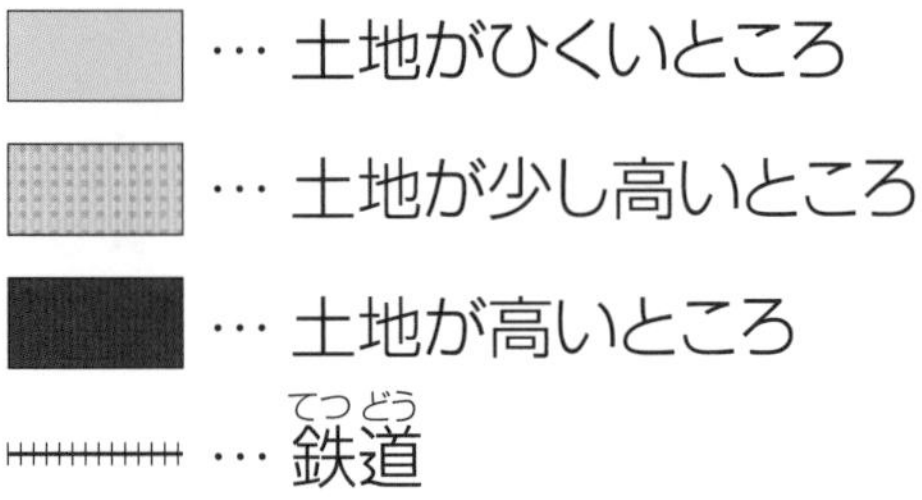
… 土地がひくいところ
… 土地が少し高いところ
… 土地が高いところ
… 鉄道《てつどう》

(　　　)

(4) やまだ駅の北は，店が多いところとなっています。店が多いところの様子を説《せつ》明《めい》した文としてまちがっているものを，次の**ア**～**ウ**の中から1つえらび，記号を書きなさい。(20点)

ア　多くの人が行き来している。

イ　商店《しょうてん》がいには，たくさんのしゅるいの店がある。

ウ　田や畑《はたけ》が広がっている。

(　　　)

答えは『答えと考え方』

社会

学習日　月　日

得点《とくてん》　／100点

第1回 地図のきまり

1 ようこさんの家に，しんせきのたかしさんが遊《あそ》びに来ることになりました。会話文と地図をもとに，あとの問《と》いに答えなさい。（100 点）

たかし：もしもし，たかしです。
ようこ：たかしさん，こんにちは。ようこです。
たかし：いま，みなと野《や》球《きゅう》場《じょう》にいるんだ。これからバスに乗《の》ってようこさんの家に行こうと思うのだけれど，どの方向《ほうこう》のバスに乗ったらいいかな。
ようこ：やまだ病院《びょういん》の方向へ向《む》かうバスに乗ると着《つ》くはずだよ。
たかし：野球場から（　　　）の方位《ほうい》に見える病院だね。

(1) 会話文の中の（　　　）にあてはまる方位を八方位《はちほうい》で書きなさい。(20 点)

（　　　　　）

(2) 地図の中のあ～うのたて物《もの》や場所《ばしょ》にあてはまる地図記号《ちずきごう》をそれぞれかきなさい。

（それぞれ 10 点）

あ（　　　）

い（　　　）

う（　　　）

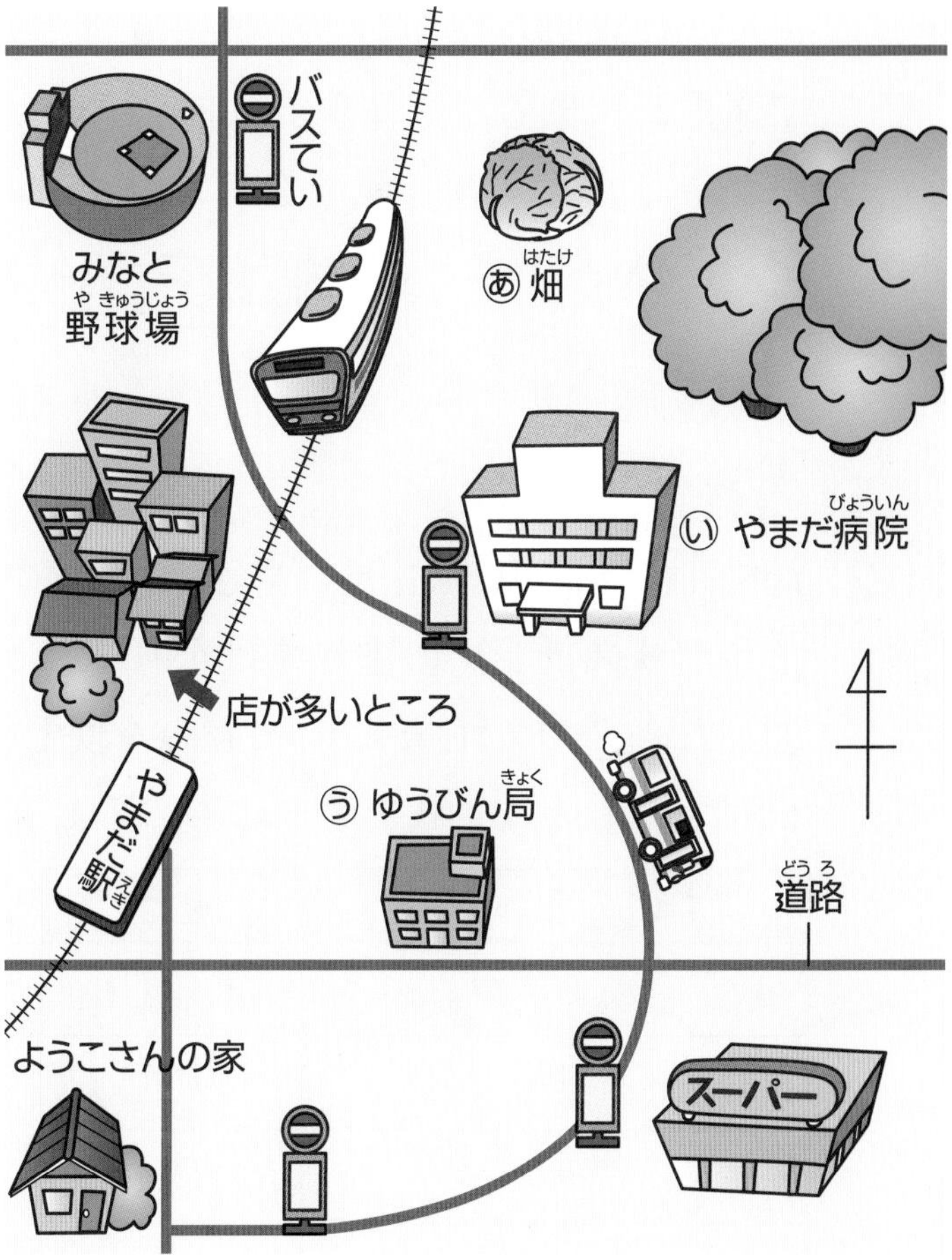

(3) 右の図のように２つのじしゃくを近づけると，しりぞけ合いました。①は何きょくですか。「N」・「S」のどちらかを書きなさい。（10点）

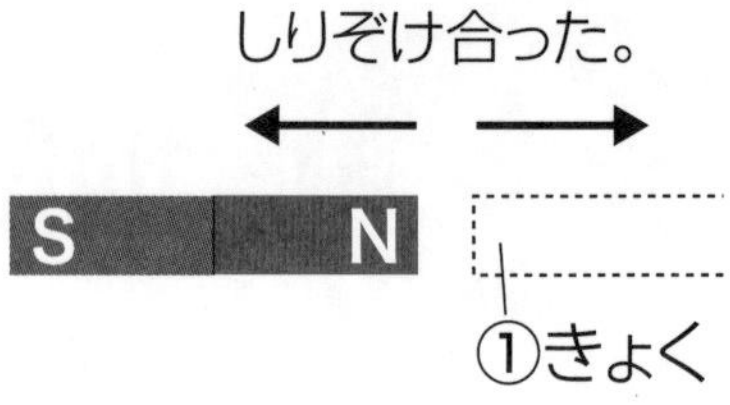

（　　　　きょく）

(4) じしゃくを軽《かる》い皿《さら》の上にのせて，水にうかべたところ，右の図のような向《む》きで止まりました。東はどちらの方向《ほうこう》ですか。図の**ア**～**エ**の中から１つえらび，記号を書きなさい。（10点）

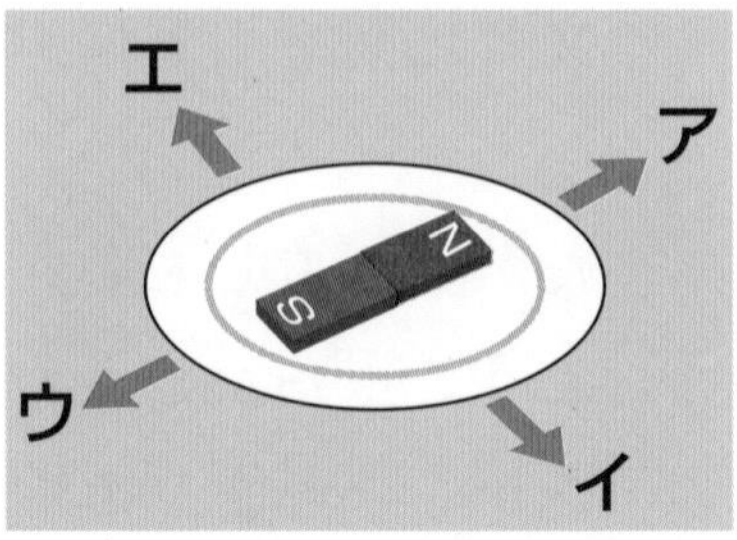

（　　　　）

3 重さについて，次の問いに答えなさい。（30点）

(1) たろうさんが体重計《たいじゅうけい》に乗《の》ると，体重計は30kgを，じろうさんが体重計に乗ると，体重計は28kgをしめしました。たろうさんがじろうさんをおんぶして体重計に乗ると，体重計は何kgをしめすと考えられますか。次の**ア**～**エ**の中から１つえらび，記号を書きなさい。（15点）

ア　29kg　　**イ**　30kg　　**ウ**　44kg　　**エ**　58kg

（　　　　）

(2) たて10cm，横《よこ》10cm，高さ10cmの大きさの，アルミニウム・鉄・木・はっぽうポリスチレンの重さをはかりではかると，下の表《ひょう》のようなけっかになりました。この４しゅるいのものを同じ重さにして比《くら》べたとき，いちばん体積《たいせき》が大きいものはどれですか。もののしゅるいを書きなさい。（15点）

もののしゅるい	重さ
アルミニウム	2700g
鉄	7900g
木	400g
はっぽうポリスチレン	30g

（　　　　　　　　）

答えは『答えと考え方』

第3回

電気・じしゃくのはたらき／重《おも》さ

学習日　月　日

得点《とくてん》　／100点

1 豆電球《まめでんきゅう》とかん電池を**ア**～**ク**のようにつなぎます。あかりのつくものをすべてえらび，記号《きごう》を書きなさい。ただし，**ウ**・**エ**の豆電球はソケットを使《つか》っていません。（20点）

ア

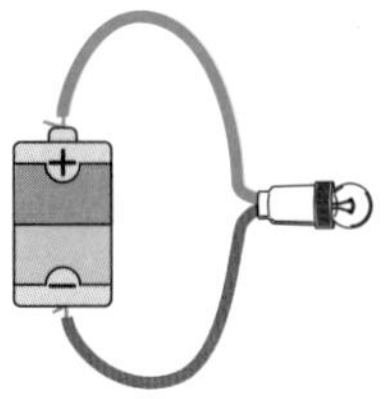

イ

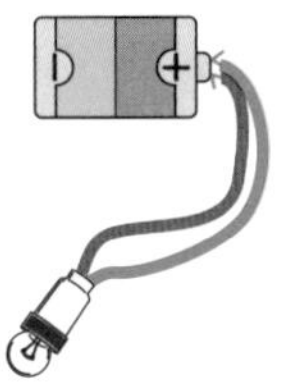

ウ

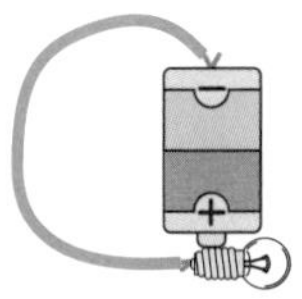

エ

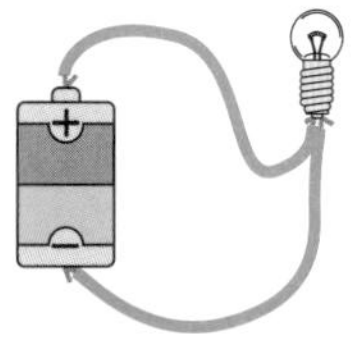

オ

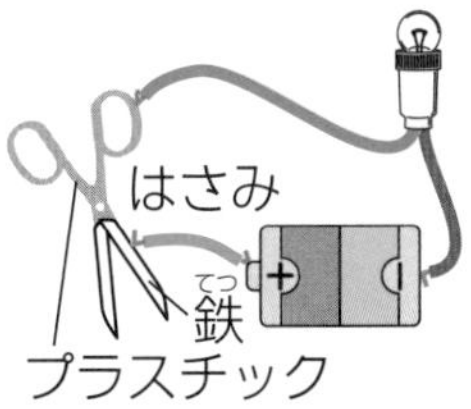

カ

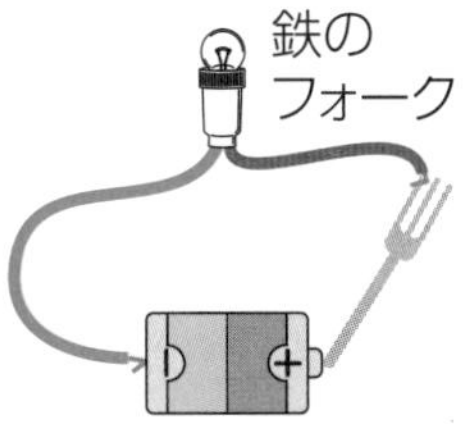

キ

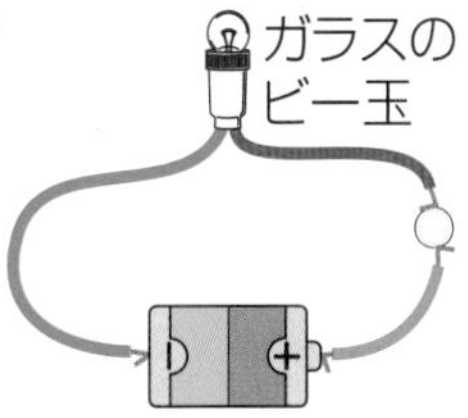

ク

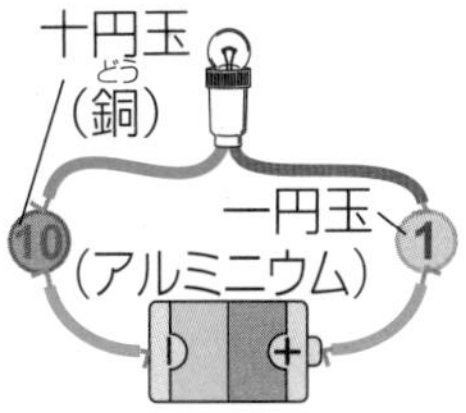

（　　　　　　　　）

2 じしゃくについて，次《つぎ》の問《と》いに答えなさい。（50点）

(1) じしゃくに近づけてはいけないものを，次の**ア**～**ウ**の中から1つえらび，記号を書きなさい。（10点）

ア　ガラスのビー玉　　**イ**　図書カード　　**ウ**　アルミニウムの空きかん

（　　　）

(2) 次の**ア**～**エ**のそれぞれについて，じしゃくにつき電気を通すものには「○」を，じしゃくにつかず電気を通すものには「△」を，じしゃくにつかず電気を通さないものには「×」を書きなさい。（1つ5点）

ア　十円玉（銅）　**イ**　一円玉（アルミニウム）

ウ　くぎ（鉄）　**エ**　コップ（ガラス）

ア（　　　）**イ**（　　　）**ウ**（　　　）**エ**（　　　）

3 右の図のように地面《じめん》にまっすぐに立てたぼうのかげを，ある晴れた日の午前７時，午前１０時，正午，午後２時，午後５時にそれぞれ調《しら》べました。次の問いに答えなさい。(40点)

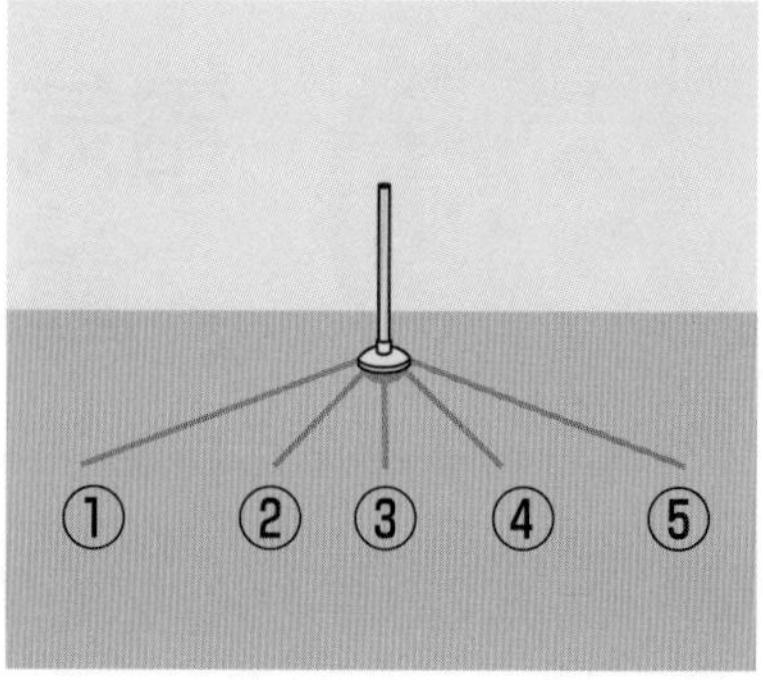

(1) 午前７時，午後２時のかげはどれですか。正しいものを図の①～⑤の中からそれぞれ１つずつえらび，番号《ばんごう》を書きなさい。(１つ15点)

午前７時（　　　　）　午後２時（　　　　）

(2) ③のかげがのびている方位《ほうい》を，次の**ア**～**エ**の中から１つえらび，記号を書きなさい。(10点)

ア 北　**イ** 南　**ウ** 東　**エ** 西

（　　　　）

4 日光のはたらきについて，次の問いに答えなさい。(20点)

(1) 右の図は，４まいのかがみを使って，日かげのかべに日光をはねかえしたようすです。もっとも明るい所《ところ》はどこですか。正しいものを，**ア**～**オ**の中から１つえらび，記号を書きなさい。(10点)

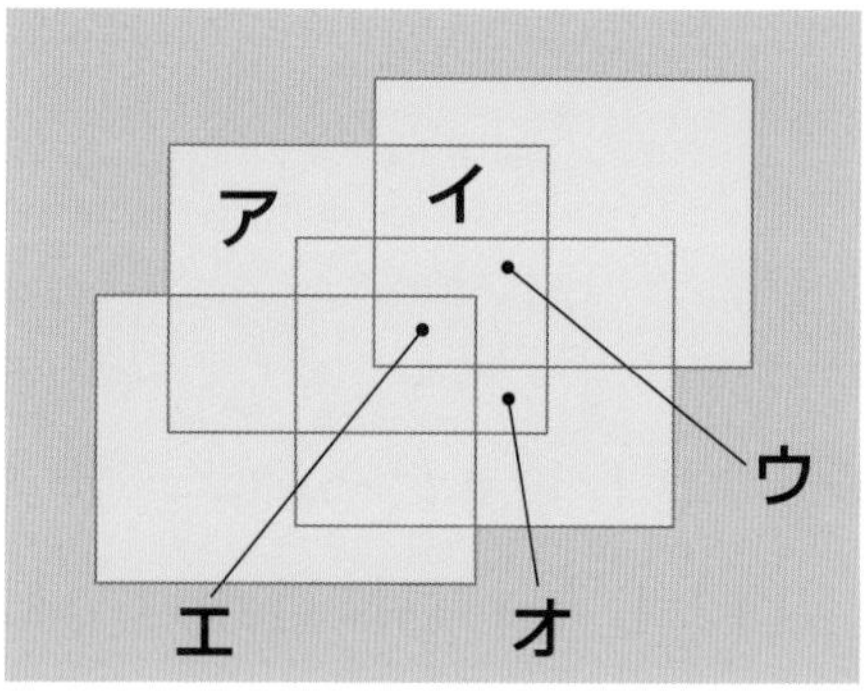

（　　　　）

(2) 虫めがねを使って，日光を集《あつ》めました。もっともはやくこげるものを，次の**ア**～**エ**の中から１つえらび，記号を書きなさい。(10点)

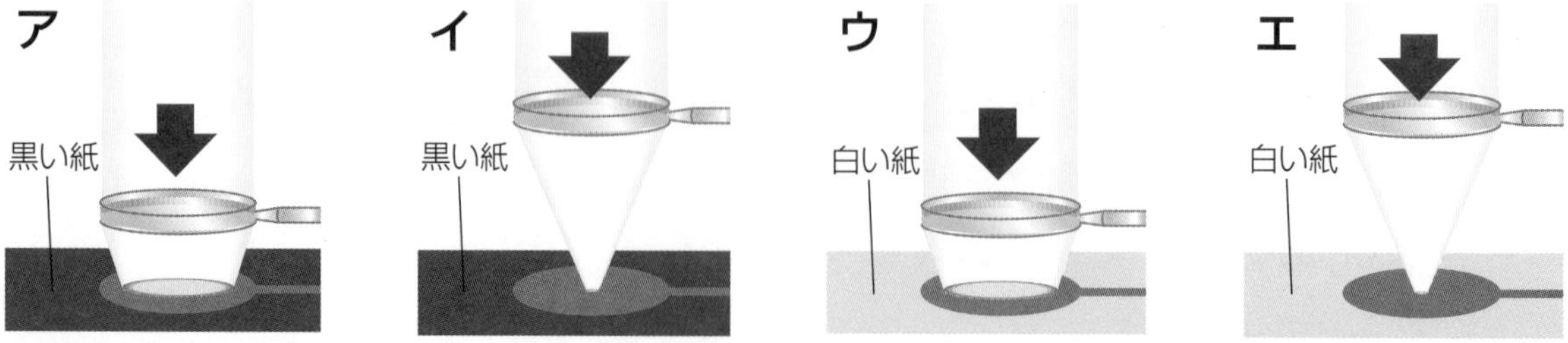

※すべて同じ大きさの虫めがねを使います。

（　　　　）

答えは『答えと考え方』

第2回

風・ゴム・太陽《たいよう》の光のはたらき

学習日　　月　　日

得点《とくてん》
／100点

❶ 右の図のように，風で動《うご》く車を3台ならべ，それぞれのうしろに送風機《そうふうき》をおきます。3台の送風機の強さをそれぞれ「弱い」「ふつう」「強い」に設定《せってい》し，3台の車に同時に風を当てました。動き始《はじ》めの速《はや》さがいちばんおそかった車はどれですか。また，送風機で同じ時間風を当てたとき，いちばん遠くまで動く車はどれですか。図の**ア**～**ウ**の中からそれぞれ１つずつえらび，記号《きごう》を書きなさい。（１つ10点）

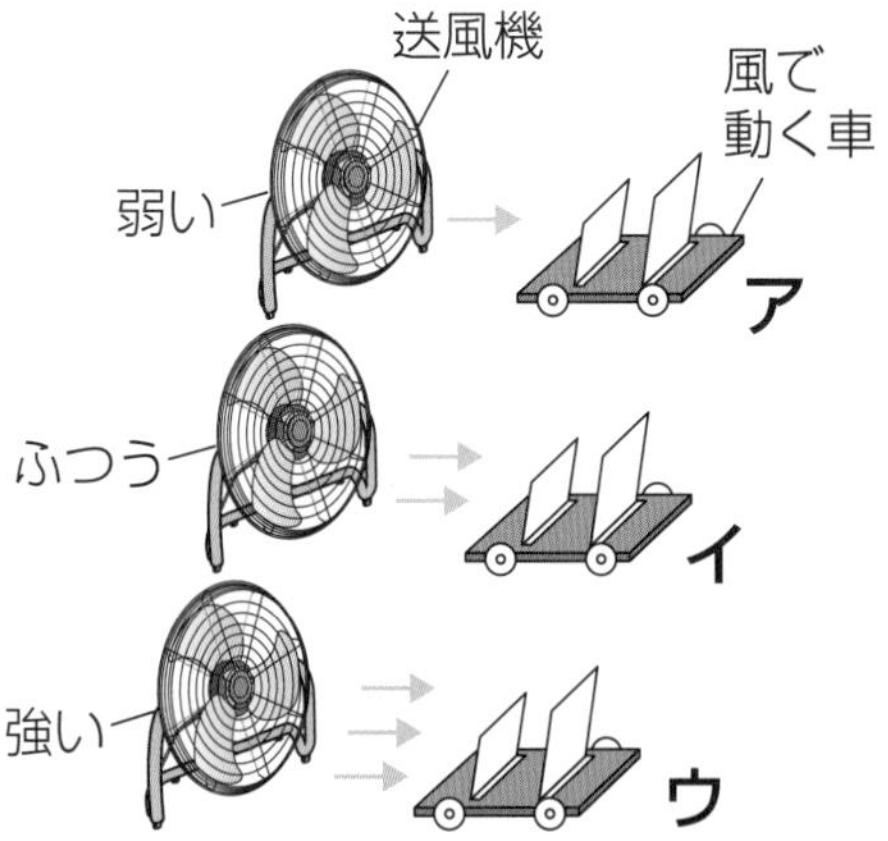
送風機
風で動く車
弱い
ア
ふつう
イ
強い
ウ

※車，送風機はすべて同じしゅるいのものを使《つか》います。

動き始めの速さがおそい車（　　　）

遠くまで動く車（　　　）

❷ **図１**のような，ゴムの力で動く車を作りました。次《つぎ》の問《と》いに答えなさい。（20点）

図１

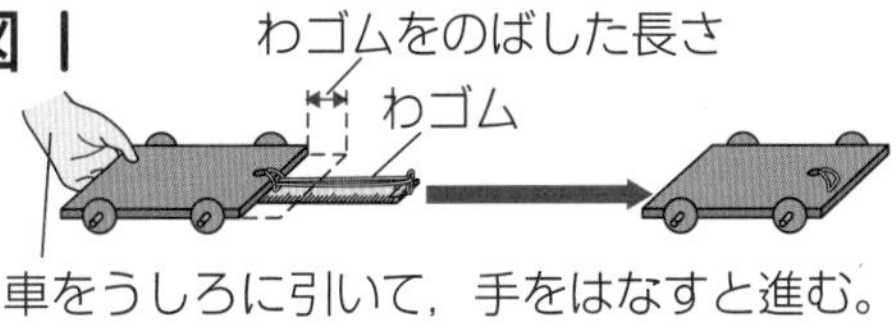
わゴムをのばした長さ
わゴム
車をうしろに引いて，手をはなすと進む。

図２

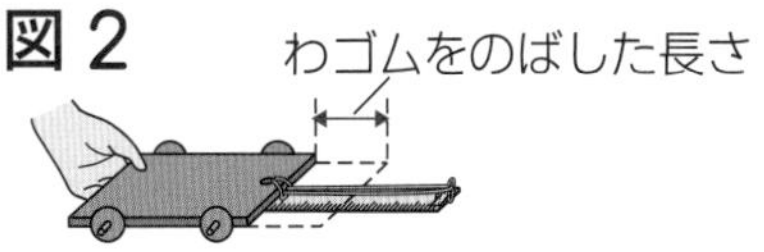
わゴムをのばした長さ

（１）この車が進《すす》むのは，のびたわゴムにどのようなせいしつがあるからですか。次の**ア**～**ウ**の中から１つえらび，記号を書きなさい。（10点）

ア　元にもどろうとするせいしつ

イ　さらにのびようとするせいしつ

ウ　のびたりちぢんだりをくり返《かえ》すせいしつ

（　　　）

（２）**図２**のように，**図１**よりわゴムをたくさんのばしてから手をはなすと，車の進むきょりはどうなりますか。次の**ア**～**ウ**の中から１つえらび，記号を書きなさい。（10点）

ア　長くなる　　**イ**　短《みじか》くなる　　**ウ**　かわらない

（　　　）

理科

(3) 次の図はホウセンカの一生を表《あらわ》しています。**ア～エ**をかんさつできる順番にならべかえ，記号を書きなさい。(15点)

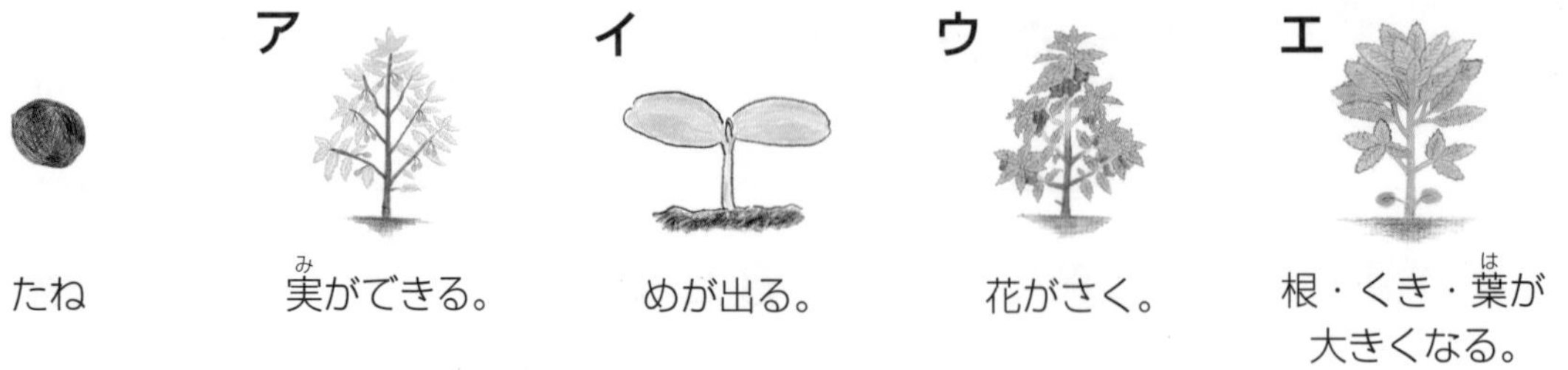

ア
イ
ウ
エ
たね
実《み》ができる。
めが出る。
花がさく。
根・くき・葉《は》が大きくなる。

たね→(　　　)→(　　　)→(　　　)→(　　　)

❸ こん虫について，次の問いに答えなさい。(40点)

(1) モンシロチョウの成長《せいちょう》のようすとして正しいものを，次の**ア～ウ**の中から1つえらび，記号を書きなさい。(10点)

ア　たまご→よう虫《ちゅう》→せい虫《ちゅう》→さなぎ

イ　たまご→よう虫→さなぎ→せい虫

ウ　たまご→さなぎ→よう虫→せい虫

(　　　)

(2) こん虫ではない虫を，次の**ア～ウ**の中から1つえらび，記号を書きなさい。(10点)

ア
イ
ウ
シオカラトンボ
アブラゼミ
ダンゴムシ

(　　　)

(3) よう虫とせい虫の食《た》べ物《もの》がちがうこん虫を，次の**ア～エ**の中から2つえらび，記号を書きなさい。(1つ10点)

ア　カブトムシ

イ　モンシロチョウ

ウ　アブラゼミ

エ　ナナホシテントウ

(　　　)(　　　)

答えは『答えと考え方』

第1回

音のせいしつ／植物《しょくぶつ》／こん虫《ちゅう》

学習日　　月　　日

得点《とくてん》　　／100点

理科

❶ 音のせいしつについて書かれた次《つぎ》の**ア**～**エ**の文のうち，正しいものには「○」を，まちがっているものには「×」を書きなさい。(1つ5点)

ア　音を出しているものの中には，ふるえているものとふるえていないものがある。

イ　音が出ているトライアングルを手でにぎると，音が止まる。

ウ　2つの紙コップを糸でつないで作った糸電話で話している人の声を聞いているとき，糸はふるえているが紙コップはふるえていない。

エ　2つの紙コップを糸でつないで作った糸電話で話している人の声を聞いているとき，相手《あいて》に1歩近づくと，声がほとんど聞こえなくなる。

ア（　　　）　**イ**（　　　）
ウ（　　　）　**エ**（　　　）

❷ ホウセンカについて，次の問《と》いに答えなさい。(40点)

(1) ホウセンカのたねをまきます。次の**ア**～**ウ**を正しい順番《じゅんばん》にならべかえ，記号《きごう》を書きなさい。(10点)

ア　水をやる。

イ　たねをまき，うすく土をかける。

ウ　土をほりおこして，ひりょうを入れてよくまぜる。

（　　　）→（　　　）→（　　　）

(2) ホウセンカの根《ね》のかんさつの仕方《しかた》について書かれた次の**ア**～**ウ**の文のうち，正しいものには「○」を，まちがっているものには「×」を書きなさい。(1つ5点)

ア　根をほり出すときは，くきのすぐ近くをほる。

イ　根についている土は，水でそっとあらい落《お》とす。

ウ　かんさつが終《お》わったら，もとの所《ところ》に植《う》えてもどすか，大きい花《か》だんに植えかえる。

ア（　　　）　**イ**（　　　）　**ウ**（　　　）

❸ 下の(あ)～(う)の角について，次の問《と》いに答えなさい。

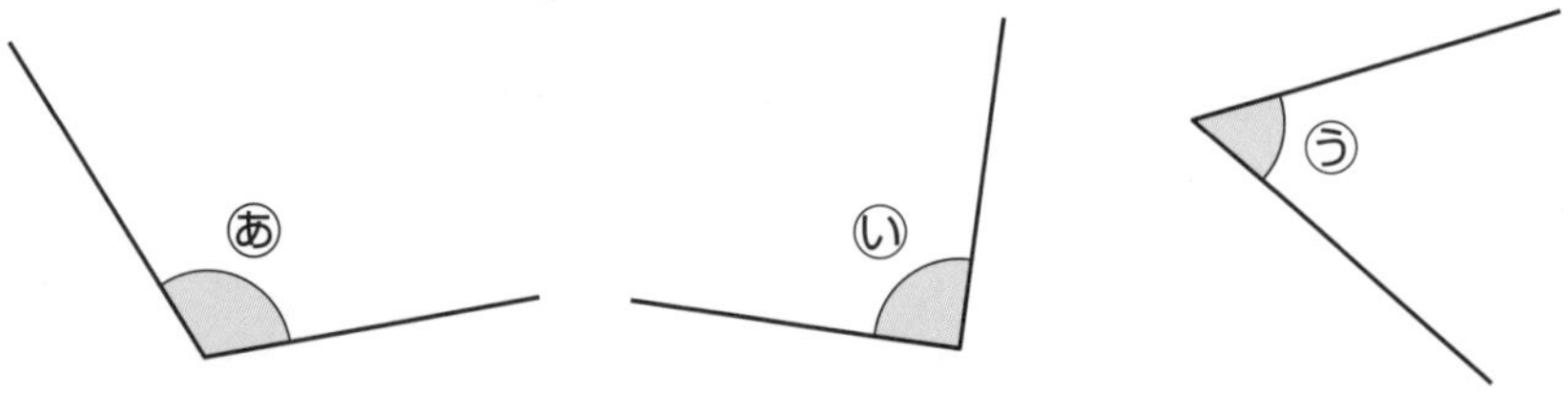

(あ)
(い)
(う)

三角じょうぎを使って，直角の大きさとくらべると，わかるね。

(1) 直角はどの角ですか。記号を書きなさい。(10 点)

(　　　　　　)

(2) 角の大きさが小さいじゅんに(あ)～(う)の記号を書きなさい。(15 点)

(　　　→　　　→　　　)

❹ 右の図は，半径《はんけい》が 1cm の円を 6 つ組み合わせたものです。円の中心を線でむすんで，1 つの辺が 2cm の正三角形をできるだけたくさん作ります。全部《ぜんぶ》で何こできますか。

(15 点)

(　　　　　　)

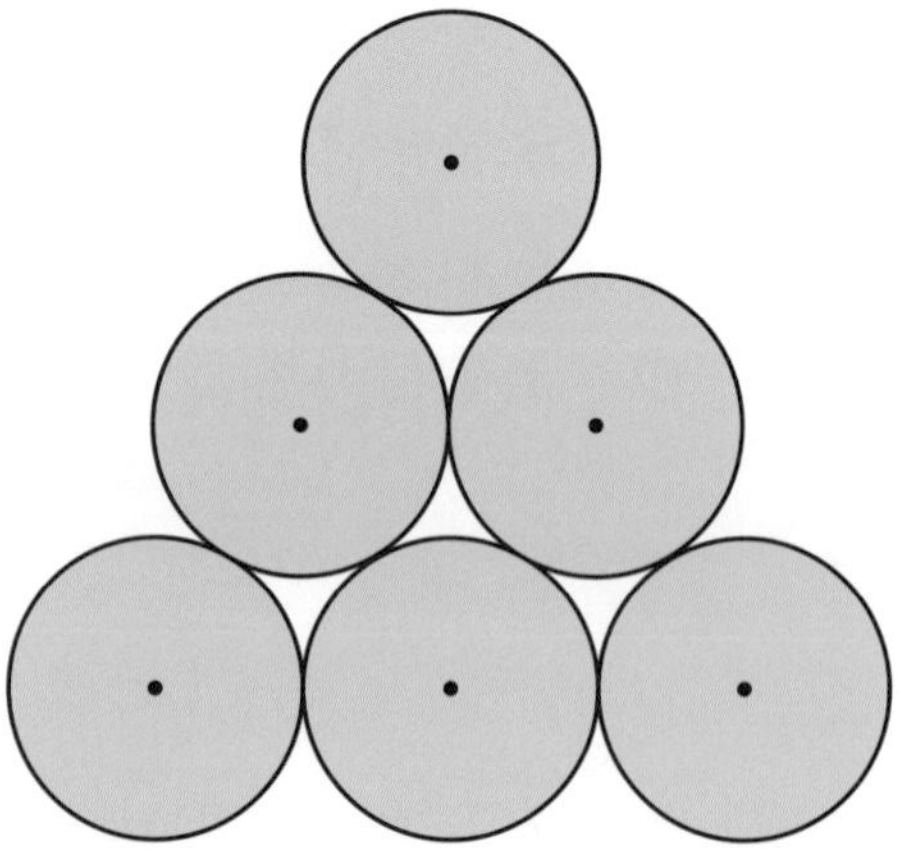

答えは『答えと考え方』

第12回 三角形と角

わからなかったら動画《どうが》を見てね！

学習日　月　日

得点《とくてん》　／100点

❶ 下の形の中から，二等辺三角形《にとうへんさんかくけい》と正三角形をすべてえらび，記号《きごう》で答えなさい。

（それぞれ 10 点）

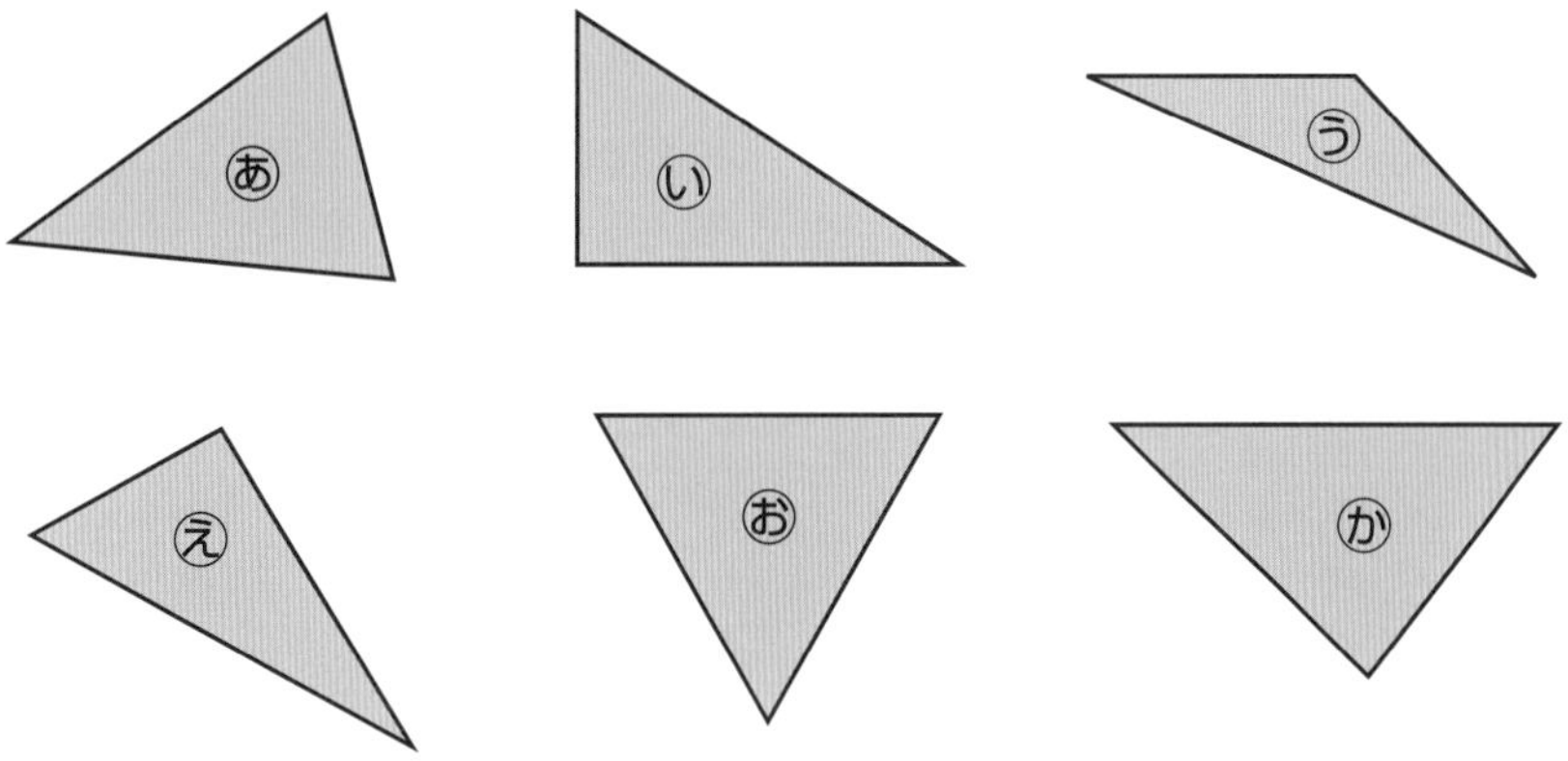

二等辺三角形（　　　　　　　）　正三角形（　　　　　　　）

❷ 次《つぎ》の三角形をかきなさい。また，（　　）の中に三角形の名前を書きなさい。

（それぞれ図 15 点・名前 5 点）

(1) どの辺の長さも 5cm の三角形　(2) 辺の長さが 4cm，6cm，4cm の三角形

（　　　　　　）　（　　　　　　）

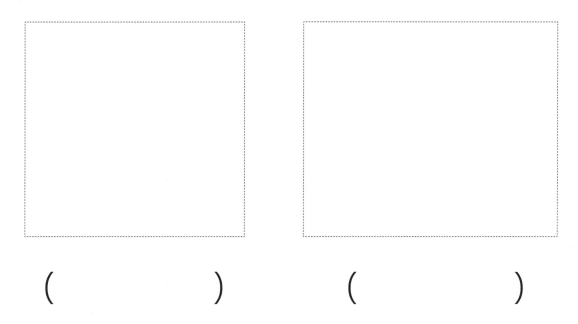

❹ 2つの数の大きさをくらべて，□にあてはまる不等号《ふとうごう》を書き入れなさい。

（1つ5点）

(1) $\frac{2}{6}$ □ $\frac{4}{6}$　　(2) 1 □ $\frac{8}{9}$

❺ 次の計算をしなさい。（1つ5点）

(1) $\frac{3}{5}+\frac{1}{5}$　　(2) $\frac{2}{8}+\frac{3}{8}$

(3) $\frac{1}{4}+\frac{2}{4}$　　(4) $\frac{1}{2}+\frac{1}{2}$

(5) $\frac{6}{9}-\frac{4}{9}$　　(6) $\frac{3}{4}-\frac{2}{4}$

(7) $\frac{7}{8}-\frac{4}{8}$　　(8) $1-\frac{4}{7}$

算数

❻ ペットボトルに1Lの水が入っています。この水を $\frac{3}{5}$ L使《つか》ったあと，ペットボトルに $\frac{2}{5}$ Lの水を入れました。いま，ペットボトルに入っている水のかさは何Lですか。（式《しき》10点・答え10点）

［式］

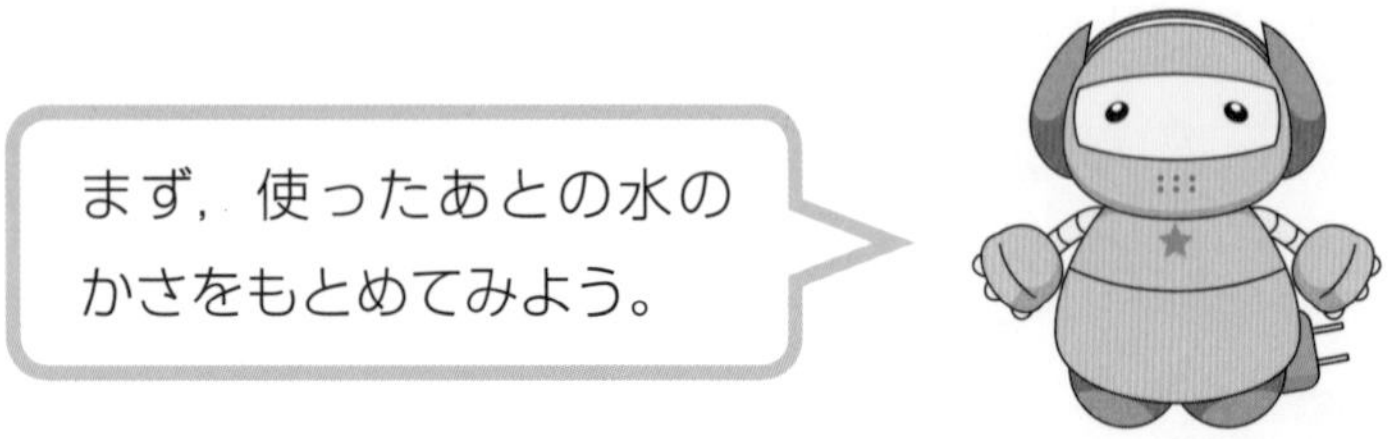
まず，使ったあとの水のかさをもとめてみよう。

答え（　　　　　）

答えは『答えと考え方』

分数

学習日　　月　　日

得点《とくてん》　　／100点

わからなかったら動画《どうが》を見てね！

❶ 1L ますに水が入っています。水のかさは何 L ですか。分数で答えなさい。（1 つ 3 点）

(1)
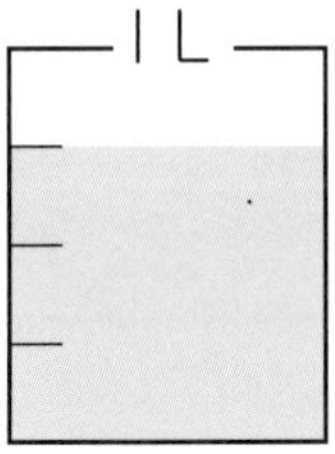

(2)
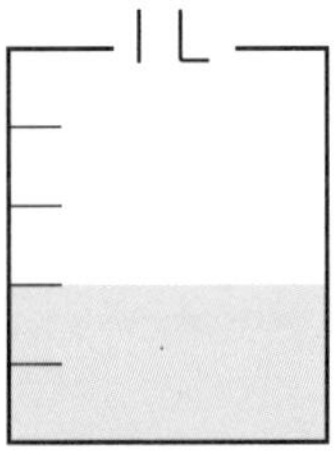

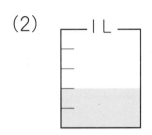

(3)
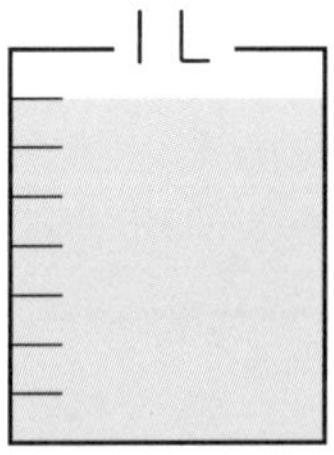

(　　　　　)　(　　　　　)　(　　　　　)

❷ 次《つぎ》の数直線のⓐ～ⓤにあてはまる分数を書き入れなさい。（1 つ 3 点）

(　　　　　)　(　　　　　)

(　　　　　)

❸ 次の □ にあてはまる数を書き入れなさい。

(1) □ を 4 こ集《あつ》めた数は，$\frac{4}{9}$ です。　(3 点)

(2) $\frac{7}{8}$ の分母は □ で，分子は □ です。　(3 点)

(3) $\frac{3}{5}$ L は，1L を □ 等分《とうぶん》した 3 つ分のかさです。　(3 点)

(4) $\frac{2}{7}$ m は，1m を 7 等分した □ つ分の長さです。　(3 点)

❺ 筆算《ひっさん》でしなさい。(1つ5点)

(1) 4.3 + 1.5

(2) 5.9 + 2.6

(3) 9 + 3.2

(4) 17.1 + 4.9

(5) 6.8 − 3.7

(6) 5.2 − 4.3

(7) 10.4 − 7.4

(8) 8 − 6.5

❻ $\frac{5}{10}$, 1, 0.6, $\frac{9}{10}$ を小さいほうからじゅんに書きなさい。(5点)

小数か分数にそろえると,
大きさがくらべやすいね。

(　　　→　　　→　　　→　　　)

答えは『答えと考え方』

算数

第10回

小数

わからなかったら動画《どうが》を見てね！

学習日　月　日

得点《とくてん》
／100点

❶ 次《つぎ》の㋐，㋑の目もりが表《あらわ》す数を小数で書きなさい。（1つ5点）

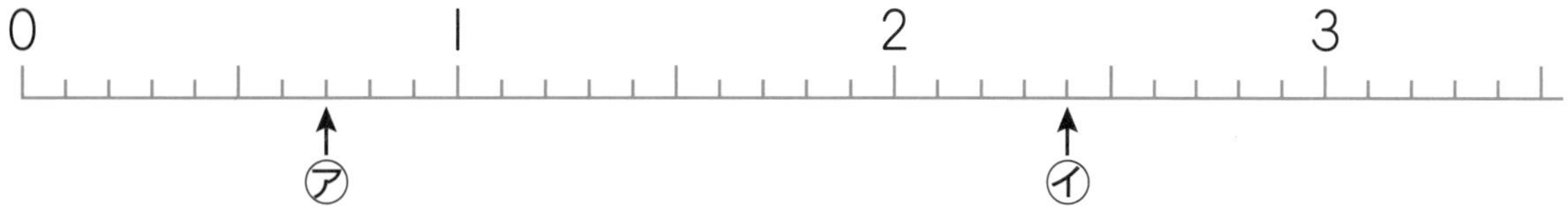

㋐（　　　　　）　㋑（　　　　　）

❷ 次の□にあてはまる数を書き入れなさい。

（1）3.7は1を□こと，0.1を□こ合わせた数です。　（5点）

（2）0.1を26こ集《あつ》めた数は□です。　（5点）

（3）10を4こと，1を5こ，0.1を9こ合わせた数は□です。　（5点）

❸ 次の□にあてはまる数を書き入れなさい。

（1）6L2dL＝□L　（5点）

（2）5.4L＝□L□dL　（5点）

（3）8cm5mm＝□cm　（5点）

（4）19.6cm＝□cm□mm　（5点）

❹ 2つの数の大きさをくらべて，□にあてはまる不等号《ふとうごう》を書き入れなさい。（1つ5点）

（1）1.1 □ 0.9

（2）6.8 □ 7.1

算数

❹ 次のはかりのはりは，何kg何gをさしていますか。（1つ5点）

（1）

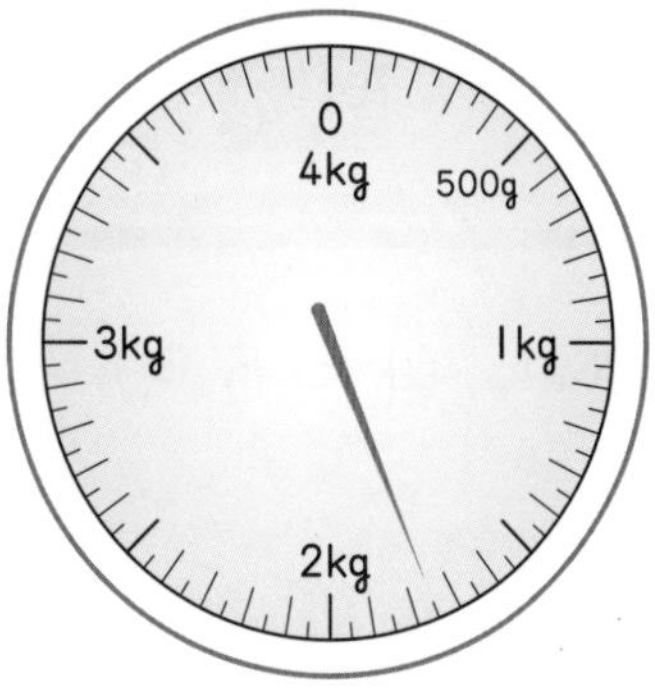

（　　　　　　）

（2）

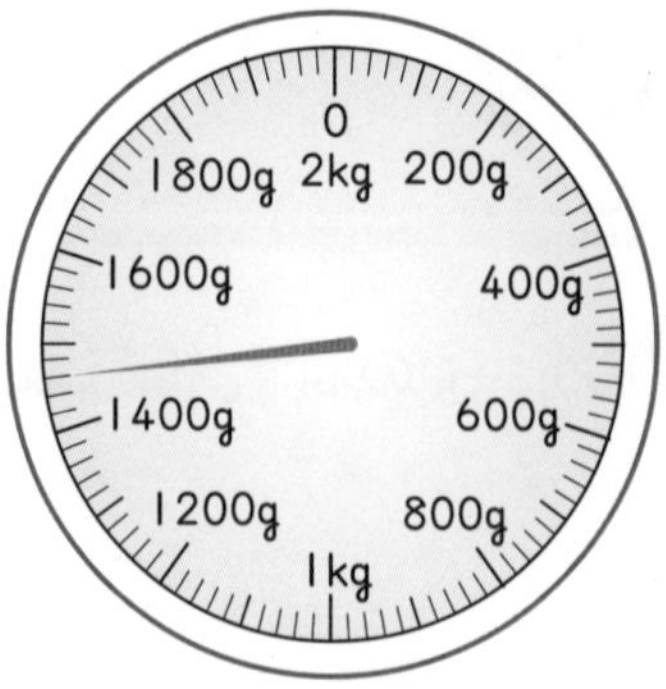

（　　　　　　）

❺ 次の□にあてはまる数を書き入れなさい。

（1）3kg350g＝□g　（5点）

（2）5600g＝□kg□g　（5点）

（3）4090g＝□kg□g　（5点）

（4）2t＝□kg　（5点）

❻ バナナとオレンジがあります。バナナとオレンジを合わせた重さと，オレンジの重さをそれぞれはかると，右の図のようになりました。バナナの重さは何gですか。

（式10点・答え10点）

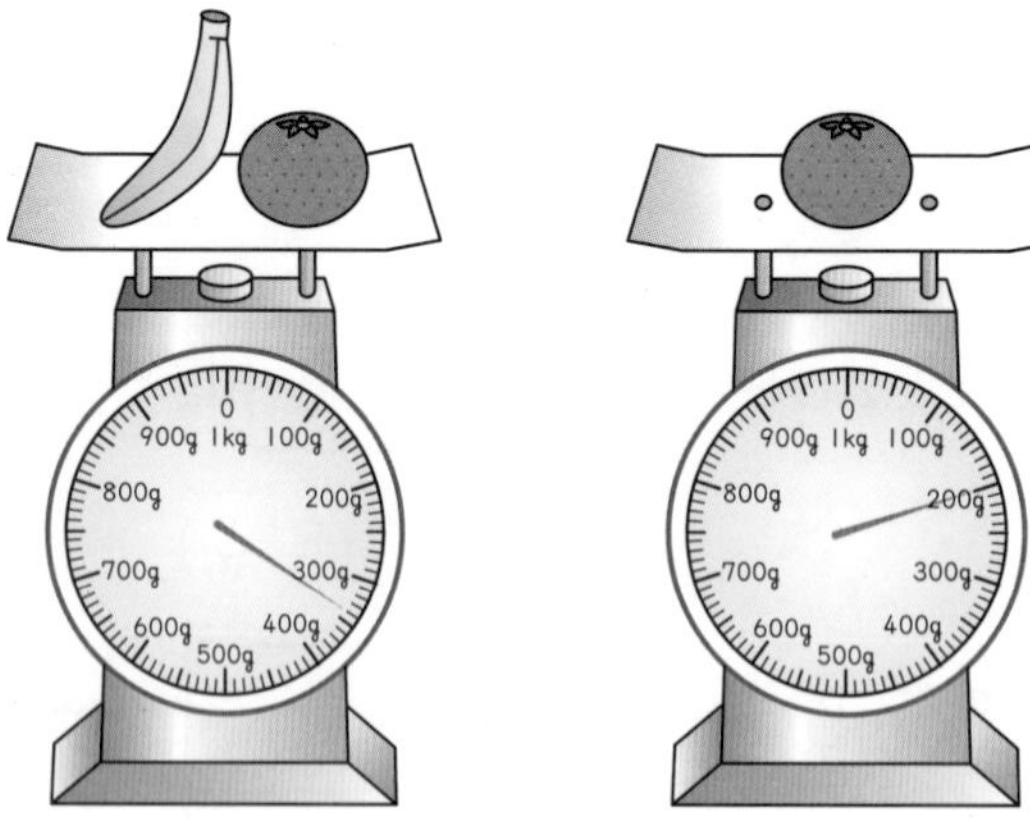

［式］

答え（　　　　　）

答えは『答えと考え方』

第9回 長さ／重《おも》さ

わからなかったら動画《どうが》を見てね！

学習日　月　日

得点《とくてん》　／100点

❶ 下のまきじゃくの(あ), (い)の目もりは何 m 何 cm を表《あらわ》していますか。（1 つ 5 点）

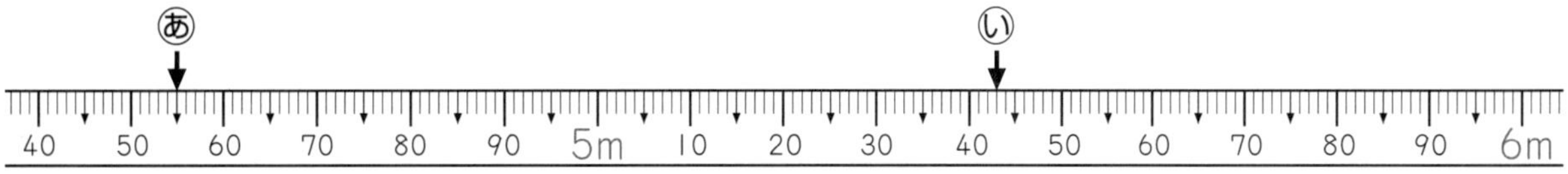

(あ)（　　　　　）　(い)（　　　　　）

❷ 次《つぎ》の□にあてはまる数を書き入れなさい。

（1）90mm = □ cm　（5 点）

（2）6m50cm = □ cm　（5 点）

（3）3km = □ m　（5 点）

（4）1740m = □ km □ m　（5 点）

❸ 右の図を見て答えなさい。

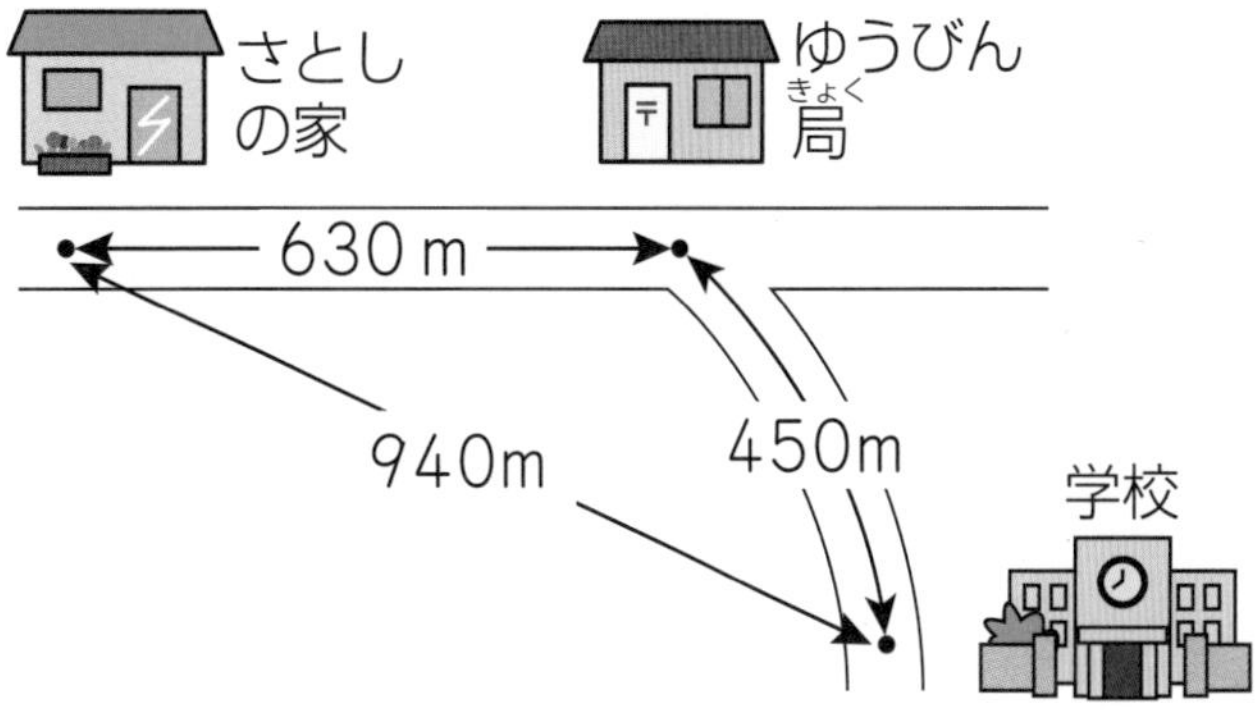

（1）さとしさんの家から学校までのきょりは何 m ですか。（10 点）

（　　　　　）

（2）さとしさんの家から学校までの道のりは何 km 何 m ですか。（式《しき》5 点・答え 5 点）

［式］

答え（　　　　　）

算数

3 下の表は，文《ぶん》ぼう具《ぐ》のねだんについて調べたものです。これをぼうグラフにかきなさい。
（20点）

文ぼう具のねだん

文ぼう具	ねだん（円）
ノート	130
えんぴつ	50
ペン	100
消《け》しゴム	80

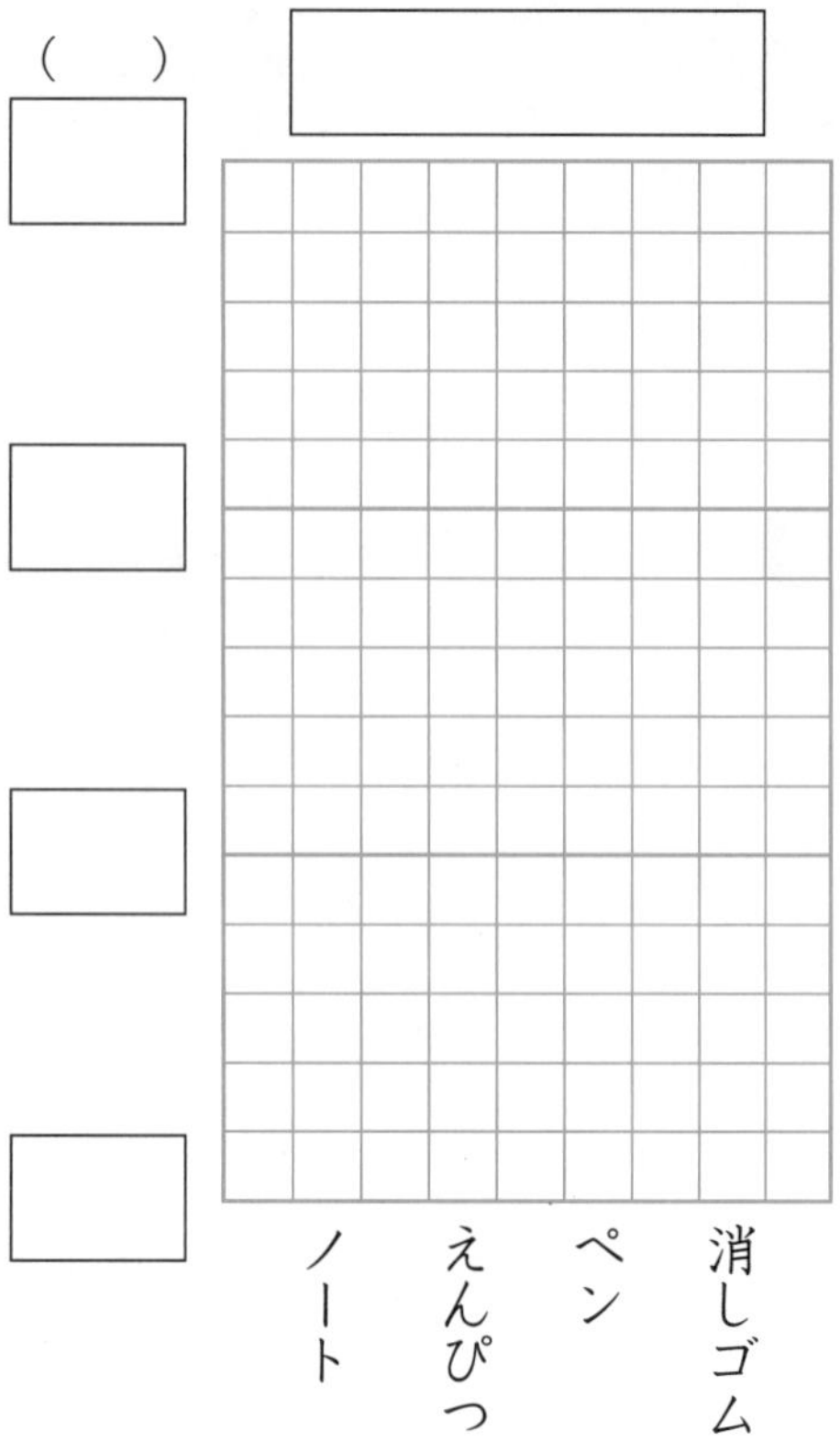
( )
ノート
えんぴつ
ペン
消しゴム

4 下のぼうグラフは，11月から3月までの，あるケーキ屋《や》さんで売れたショートケーキの数を表したものです。（1つ10点）

(1) 横《よこ》のじくの1目もりは，何こを表していますか。

（　　　　）

(2) 11月に売れたショートケーキの数は何こですか。

（　　　　）

ショートケーキの売れた数

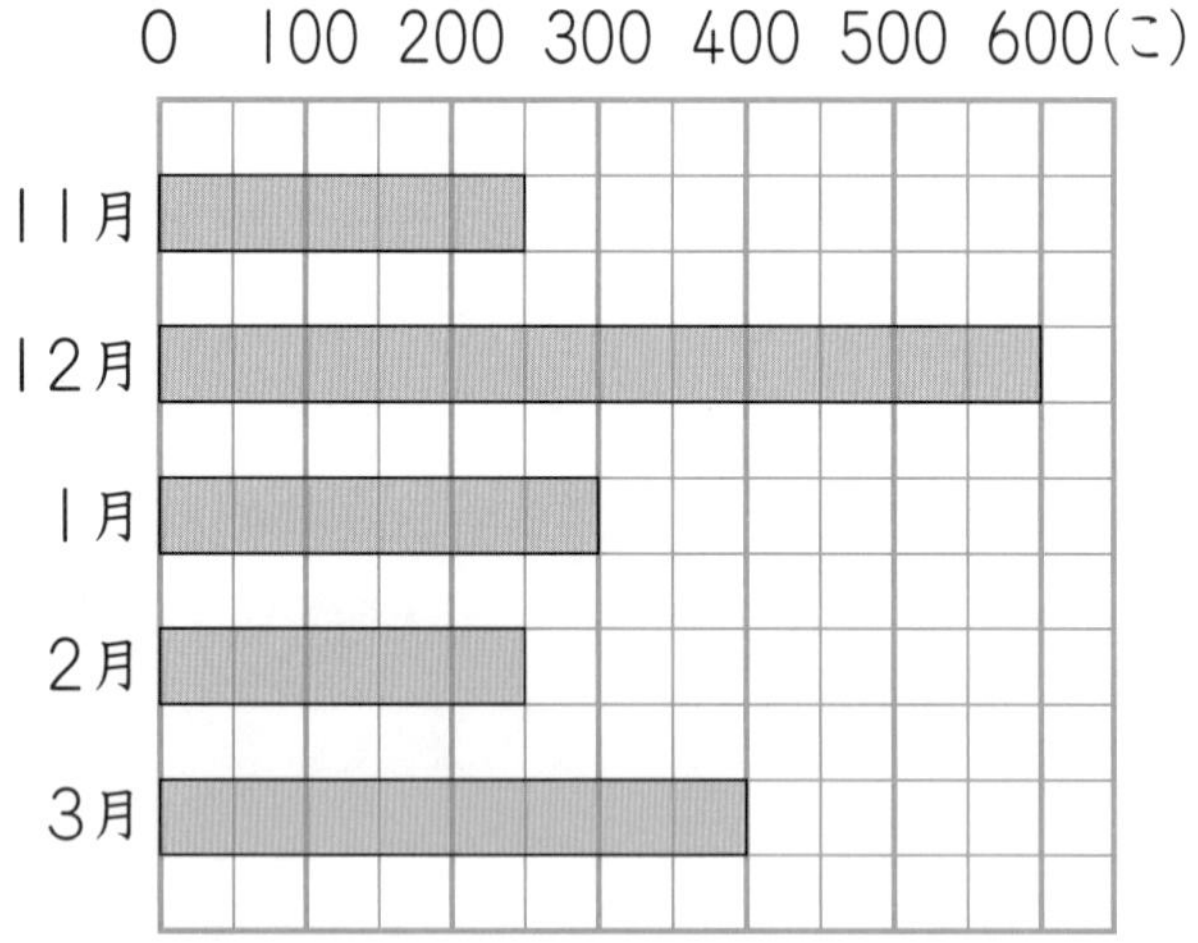
0
100
200
300
400
500
600(こ)
11月
12月
1月
2月
3月

(3) ショートケーキがいちばん売れたのは何月ですか。

（　　　　）

(4) 3月は2月よりも，何こ多く売れましたか。

（　　　　）

答えは『答えと考え方』

学習日　　月　　日

得点《とくてん》

／100点

第8回　表《ひょう》とグラフ

わからなかったら動《どう》画《が》を見てね！

1 けんいちさんの組で，すきなくだものを調《しら》べたところ，表１のようになりました。

(1)「正」の字を数字になおして，表２に整理《せいり》しなさい。（１つ１点）

(2) けんいちさんの組の人数は，全部《ぜんぶ》で何人ですか。（５点）

（　　　　　）

表１

りんご	正 T
みかん	正 下
もも	正 一
バナナ	𤴓
すいか	T
ぶどう	一
メロン	T

表２　すきなくだもの

しゅるい	人数（人）
りんご	7
みかん	①
もも	②
バナナ	③
その他《た》	④
合計	⑤

(3) ３番目にすきな人が多いくだものは何ですか。（５点）

（　　　　　）

2 下の表は，まさしさんの学校で，１週間にけがをした人数を表《あらわ》したものです。

(1) 表のⓐ～ⓞにあてはまる数を書き入れなさい。（１つ１点）

(2) この１週間でけがをした人がいちばん多かったのは，何年生ですか。（10点）

（　　　　　）

けがをした人数　（人）

しゅるい＼学年	1	2	3	4	5	6	合計
すりきず	1	2	1	3	ⓐ	1	10
きりきず	1	0	0	2	3	0	6
だぼく	1	ⓘ	2	ⓤ	1	1	6
ねんざ	0	0	1	2	0	0	3
合計	3	ⓔ	4	8	6	2	ⓞ

(3) １週間でけがをした人がいちばん多かったけがは，何ですか。（10点）

（　　　　　）

算数

❸ 26このクッキーを4人で同じ数ずつ分けると，1人分は何こになって，何こあまりますか。（式《しき》10点・答え10点）

[式]

答え　1人分は（　　　　）こになって，（　　　　）こあまる。

❹ 78cmのリボンを切って，9cmのリボンをできるだけたくさん作ります。9cmのリボンは何本できて，何cmあまりますか。（式10点・答え10点）

[式]

答え（　　　　）本できて，（　　　　）cmあまる。

❺ まんじゅうが全部《ぜんぶ》で40こあります。1この箱《はこ》にまんじゅうを6こずつ入れていくと，全部のまんじゅうを入れるためには，箱が何こいりますか。（式10点・答え10点）

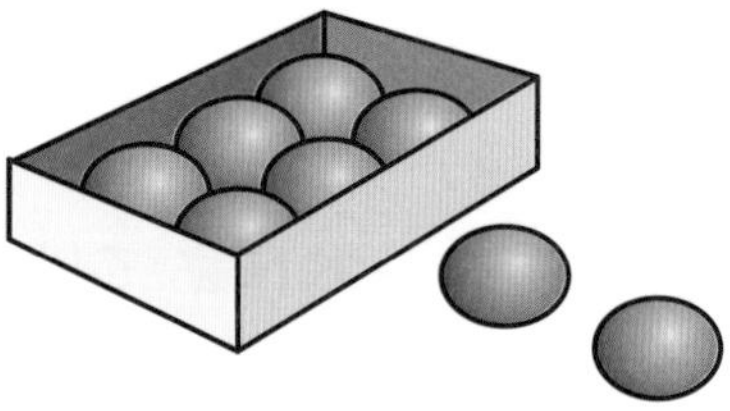

[式]

答え（　　　　　　）

わり算をすると，あまりが出るね。あまりのまんじゅうを入れるために，箱がもう1こいるよ。

答えは『答えと考え方』

第7回 あまりのあるわり算

学習日　月　日

得点《とくてん》　／100点

わからなかったら動《どう》画《が》を見てね！

1 次《つぎ》のわり算をして，答えのたしかめもしなさい。（両方《りょうほう》できて５点）

（1）15 ÷ 4

たしかめ

（　　　　　　　　）

（2）31 ÷ 6

たしかめ

（　　　　　　　　）

（3）32 ÷ 7

たしかめ

（　　　　　　　　）

（4）23 ÷ 3

たしかめ

（　　　　　　　　）

（5）53 ÷ 9

たしかめ

（　　　　　　　　）

（6）47 ÷ 8

たしかめ

（　　　　　　　　）

2 次のわり算は答えがまちがっています。正しい答えを書きなさい。（1つ５点）

（1）50 ÷ 7 ＝ 6 あまり 8

（　　　　　　　　）

（2）44 ÷ 5 ＝ 9 あまり 1

（　　　　　　　　）

算数

❸ 子どもが 24 人います。次の問《と》いに答えなさい。

(1) 8 つのはんに分かれるとき，1 つのはんは何人になりますか。

(式《しき》5 点・答え 5 点)

[式]

答え (　　　　　)

(2) 4 人ずつのはんに分かれるとき，はんはいくつできますか。

(式 5 点・答え 5 点)

[式]

答え (　　　　　)

❹ おふろには 180L の水が入っていて，ペットボトルには 2L の水が入っています。おふろの水のかさは，ペットボトルの水のかさの何倍《ばい》ですか。

(式 5 点・答え 5 点)

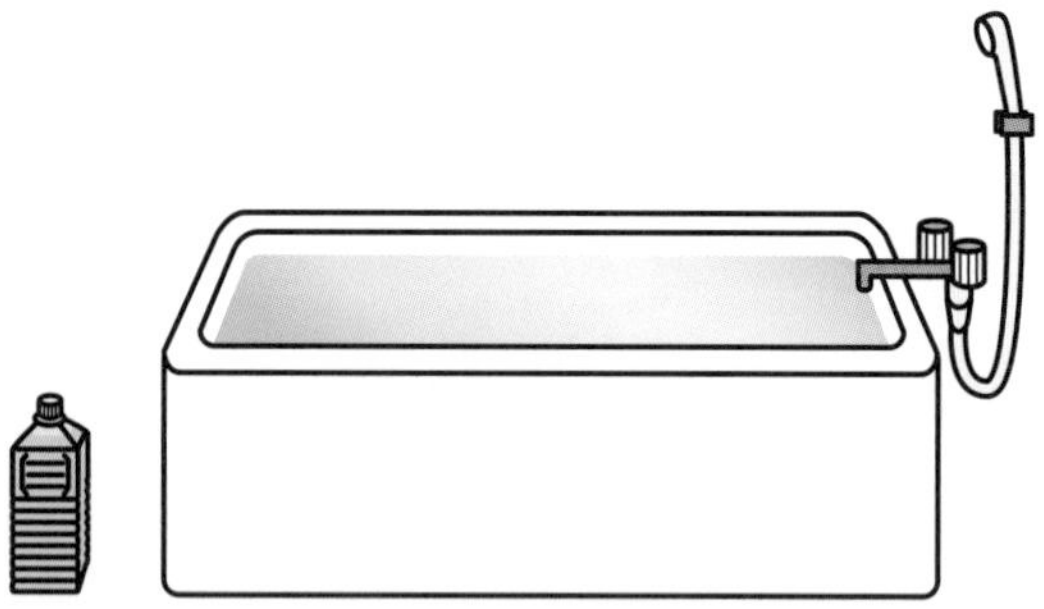

[式]

答え (　　　　　)

答えは『答えと考え方』

学習日　月　日

得点《とくてん》　／100点

第6回 わり算

わからなかったら動画《どうが》を見てね！

1 次《つぎ》のわり算の答えをもとめるには，何のだんの九九を使《つか》えばよいですか。また，答えはいくつですか。（両方《りょうほう》できて５点）

(1) 25 ÷ 5

（　　　のだん）

答え（　　　）

(2) 21 ÷ 3

（　　　のだん）

答え（　　　）

(3) 64 ÷ 8

（　　　のだん）

答え（　　　）

(4) 36 ÷ 9

（　　　のだん）

答え（　　　）

(5) 24 ÷ 4

（　　　のだん）

答え（　　　）

(6) 42 ÷ 6

（　　　のだん）

答え（　　　）

2 次のわり算をしなさい。（1つ５点）

(1) 9 ÷ 9

(2) 0 ÷ 5

(3) 1 ÷ 1

(4) 6 ÷ 1

(5) 3 ÷ 1

(6) 80 ÷ 4

(7) 600 ÷ 3

(8) 82 ÷ 2

❸ 右の図のように，ボールを箱《はこ》できちんとはさんで，箱と箱の間の長さをはかりました。次の問いに答えなさい。（1つ10点）

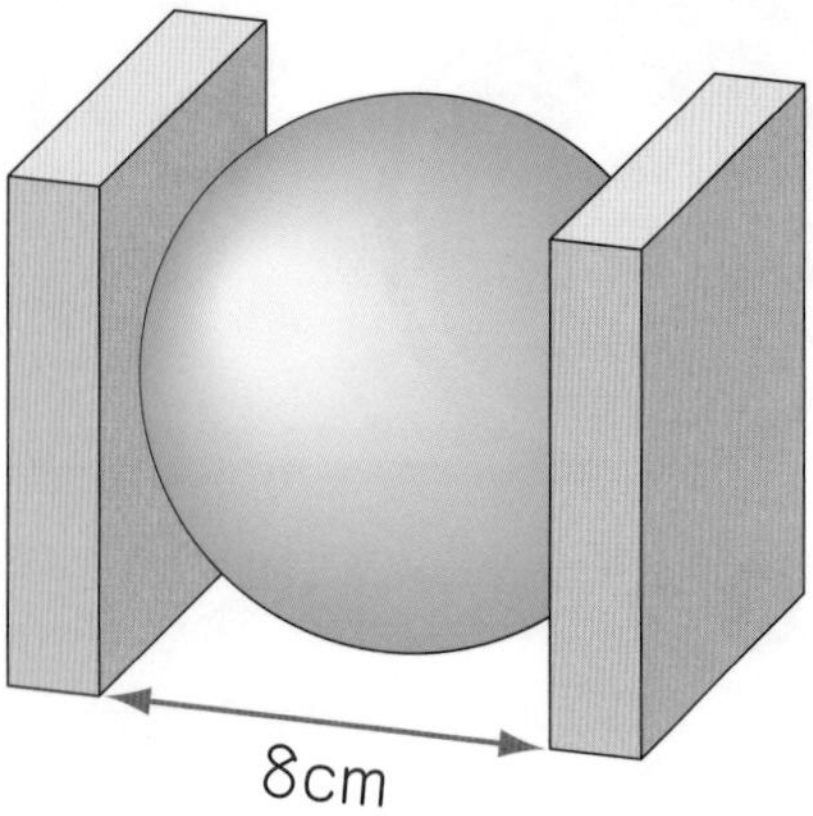
8cm

（1）このボールの直径《ちょっけい》は何cmですか。

（　　　　）

（2）このボールの半径は何cmですか。

（　　　　）

❹ 右の図では，正方形の中に円がぴったり入っています。正方形の1つの辺《へん》の長さは，何cmですか。（10点）

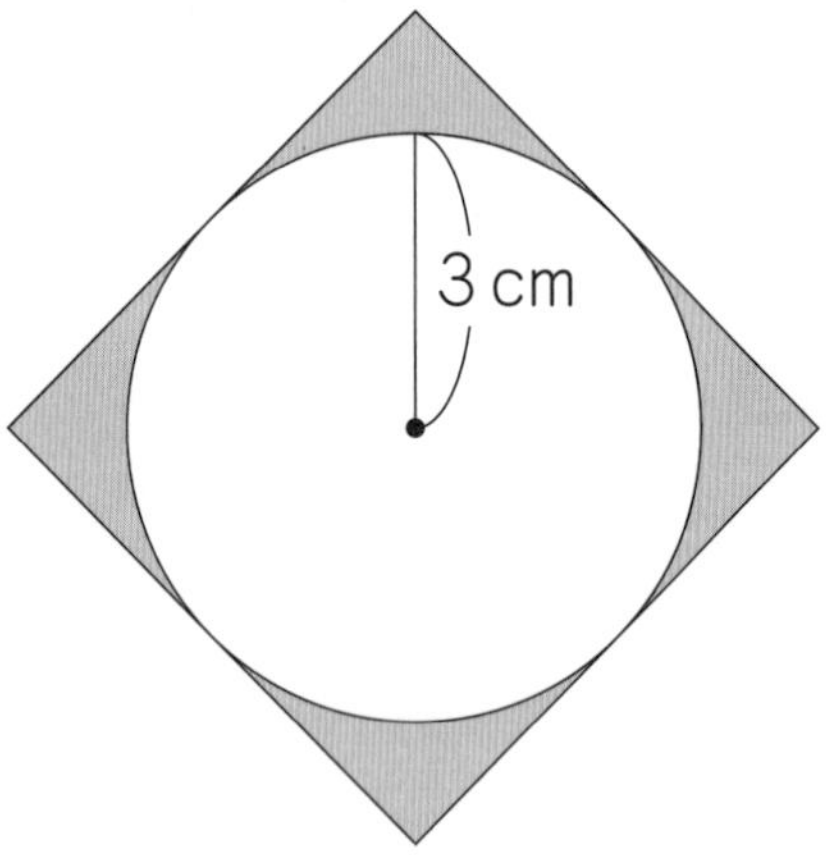
3cm

（　　　　）

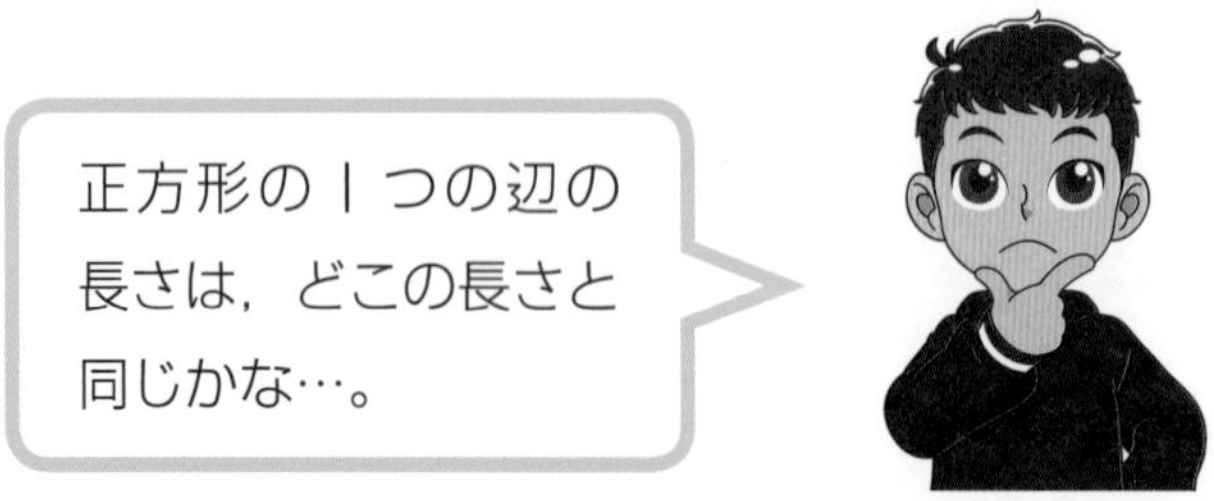
正方形の1つの辺の
長さは，どこの長さと
同じかな…。

答えは『答えと考え方』

算数

第5回

円と球《きゅう》

わからなかったら動画《どうが》を見てね！

学習日　月　日

得点《とくてん》　／100点

❶ ㋐と㋑のおれ曲《ま》がった線の長さをくらべます。次《つぎ》の問《と》いに答えなさい。

(1) コンパスを使《つか》って，それぞれの長さを１本の直線の上にうつしとりなさい。

(１つ20点)

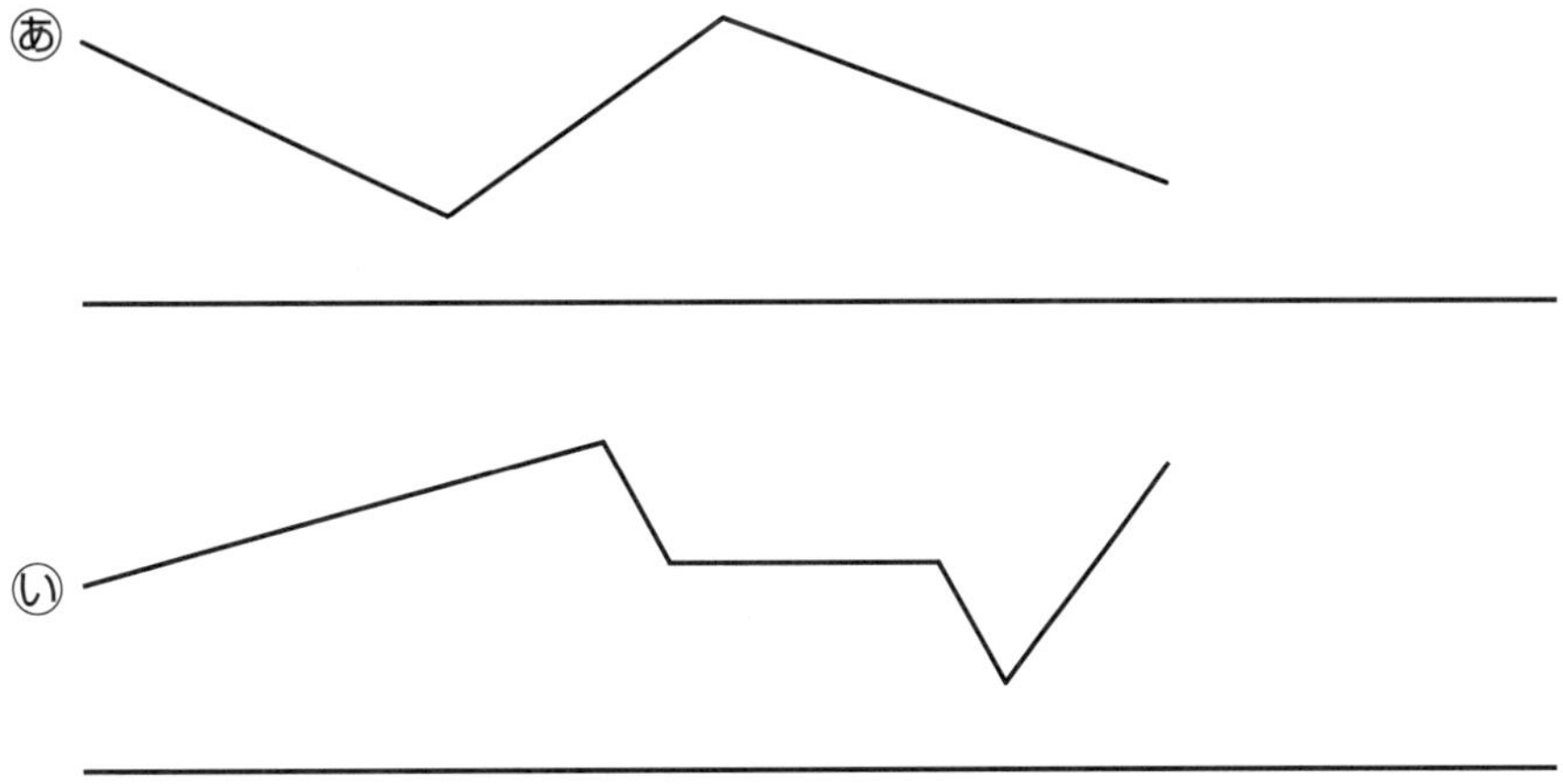

(2) ㋐と㋑では，どちらのほうが長いですか。(10点)

(　　　　) のほうが長い。

❷ コンパスとじょうぎを使って，下の図１と同じもようを図２にかきなさい。

(20点)

図１

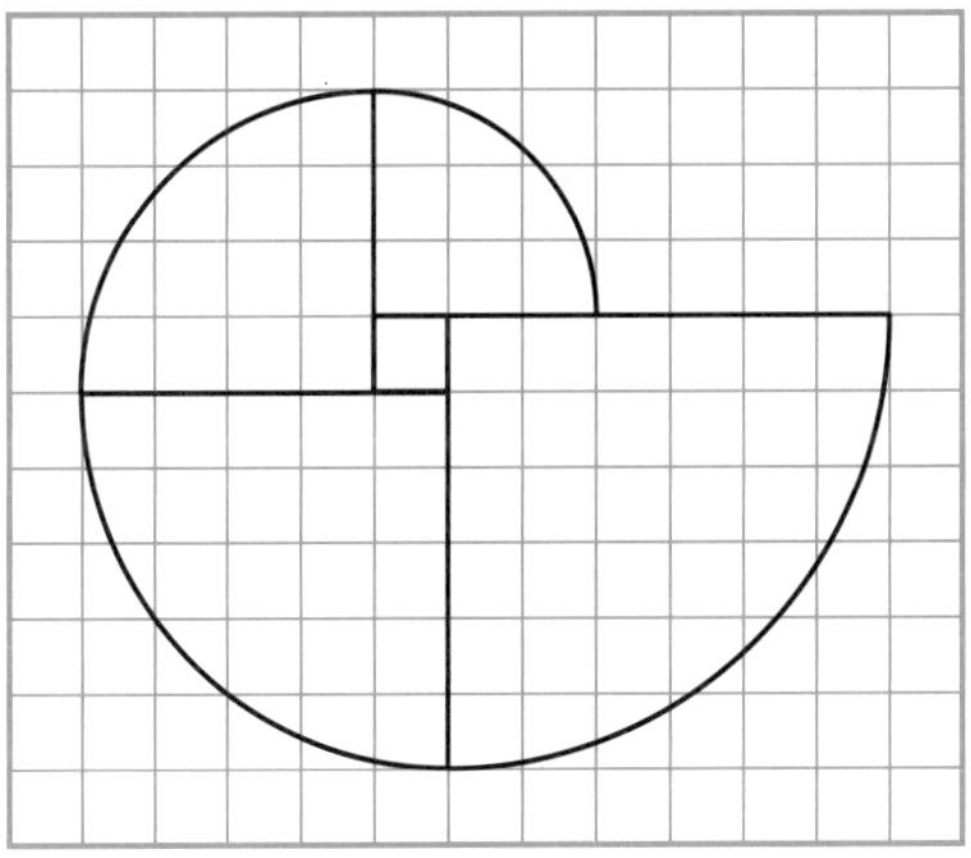

図２

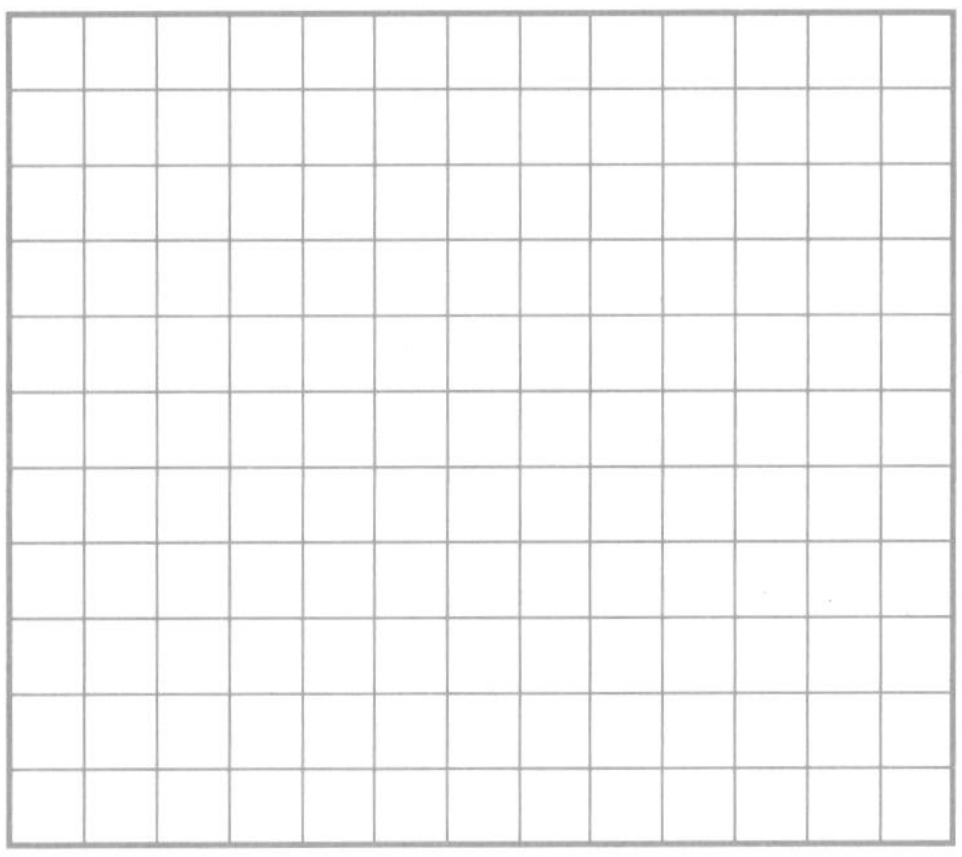

算数

❹ 筆算でしなさい。(1つ5点)

(1) 13 × 35　　(2) 91 × 24　　(3) 408 × 63

❺ くふうして計算しなさい。(1つ5点)

(1) 2 × 93 × 5　　(2) 4 × 17 × 25

❻ かざりを作るために，20m の紙テープを切って，8cm の紙テープを 160 まい作りました。紙テープののこりの長さは何 cm ですか。(式《しき》 10 点・答え 10 点)

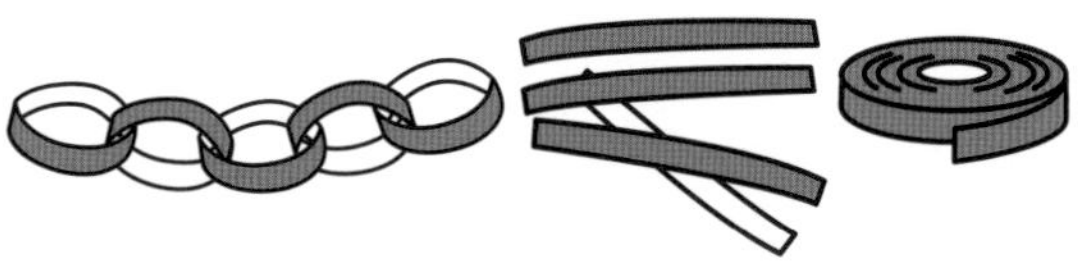

[式]

答え (　　　　　　)

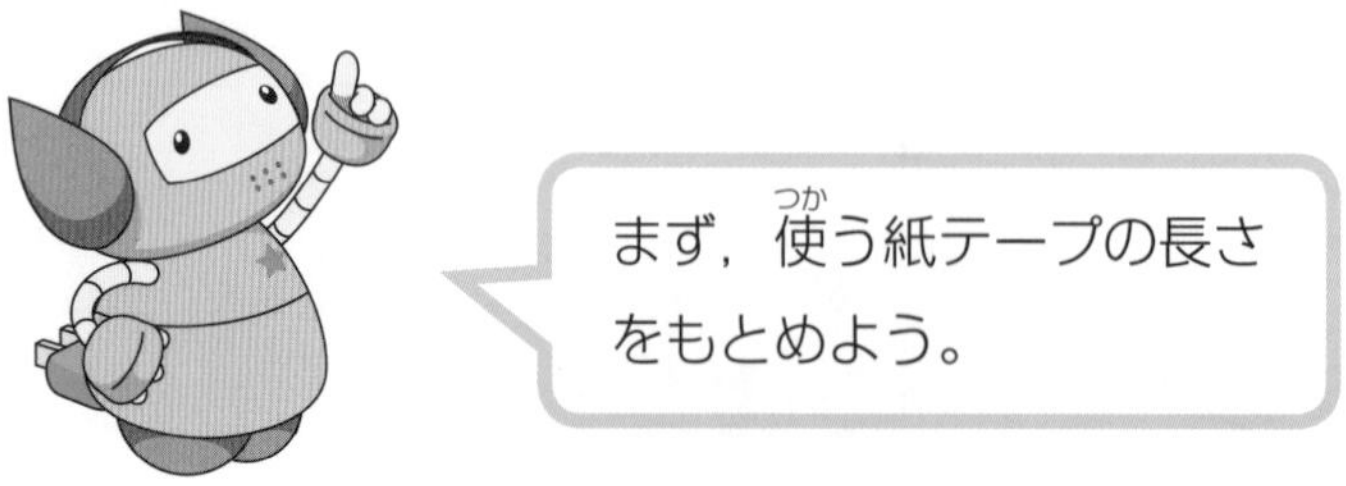

算数

答えは『答えと考え方』

第4回

かけ算

学習日　月　日

得点《とくてん》

／100点

わからなかったら動《どう》画《が》を見てね！

❶ 次《つぎ》の□にあてはまる数を書き入れなさい。（１つ５点）

（１）$3 \times 4 = 3 \times 5 - \square$

（２）$6 \times 8 = 8 \times \square$

（３）$9 \times (2 \times 7) = (9 \times 2) \times \square$

（４）$\square \times (2 + 5) = (6 \times 2) + (6 \times 5)$

算数

❷ 次のかけ算をしなさい。（１つ５点）

（１）3×0　　（２）0×9

（３）20×5　　（４）400×6

❸ 筆算《ひっさん》でしなさい。（１つ５点）

（１）36×2　　（２）75×8　　（３）514×9

❸ まゆさんの家から水族館《すいぞくかん》までは，1時間45分かかります。午前8時50分に家を出たとき，水族館に着《つ》く時こくを，午前，午後を使って書きなさい。（15点）

（　　　　　　　　）

❹ かおりさんは，100mを1分27秒《びょう》で歩きました。まさるさんは，100mを74秒で歩きました。どちらが何秒はやいですか。（15点）

（　　　　　　）さんが（　　　　）秒はやい。

❺ 次の問いに答えなさい。（1つ10点）

（1）17時21分は，午後何時何分ですか。

（　　　　　　　　）

（2）午後3時30分を，「午後」を使わずに書きなさい。

（　　　　　　　　）

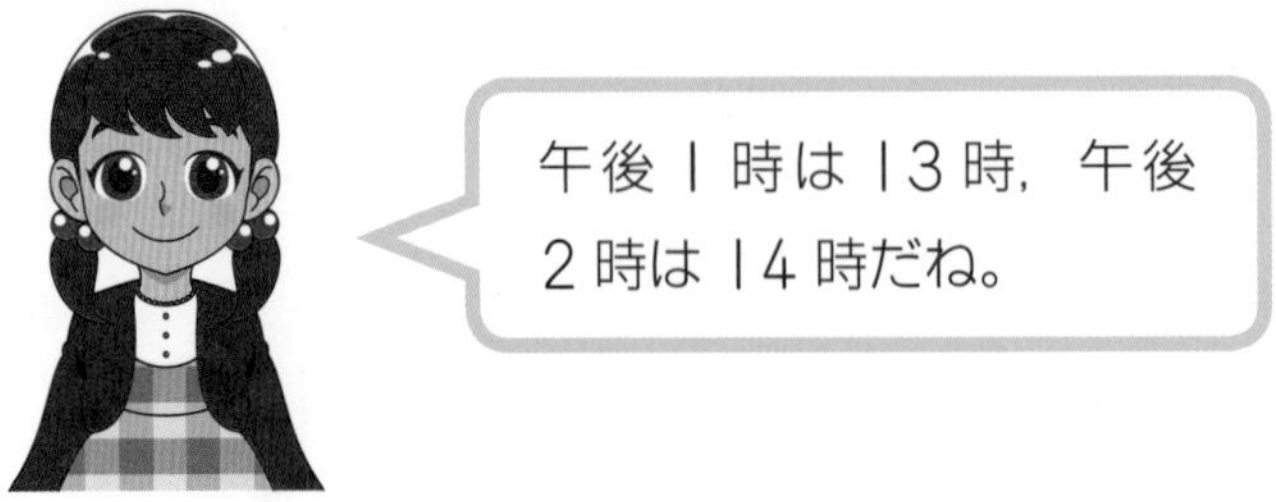

算数

答えは『答えと考え方』

学習日　　月　　日

得点《とくてん》　　／100点

第3回 □を使《つか》った式《しき》／時こくと時間

わからなかったら動《どう》画《が》を見てね！

❶ 次《つぎ》の□にあてはまる数をもとめなさい。（1つ5点）

（1）□＋37＝59

（　　　　　）

（2）□－29＝41

（　　　　　）

（3）7×□＝56

（　　　　　）

（4）□÷2＝5

（　　　　　）

❷ ともやさんは，昨日《きのう》本を73ページまで読み終《お》わりました。今日何ページか読んだので，121ページまで読み終わりました。このとき，次の問《と》いに答えなさい。

（1）今日読んだページ数を□ページとして，たし算の式で表《あらわ》しなさい。（10点）

（　　　　　　　）

（2）今日読んだページ数は何ページですか。（式10点・答え10点）

［式］

答え（　　　　　）

❹ 次の数を書きなさい。(1つ5点)

(1) 15を10倍《ばい》した数

(　　　　　)

(2) 70を100倍した数

(　　　　　)

(3) 420を10でわった数

(　　　　　)

(4) 8300を10でわった数

(　　　　　)

(5) 1000000より1小さい数

(　　　　　)

(6) 99998より2大きい数

(　　　　　)

❺ 次の□にあてはまる不等号《ふとうごう》を書き入れなさい。(1つ5点)

(1) 450120 □ 468700

(2) 100000000 □ 26918000

❻ 7まいのカード 0 0 0 1 4 7 9 をならべかえてできる7けたの数のうちで，いちばん大きい数と，いちばん小さい数を書きなさい。

(1つ10点)

いちばん大きい数 □□□□□□□

いちばん小さい数 □□□□□□□

答えは『答えと考え方』

第2回

大きい数

学習日　月　日

得点《とくてん》　／100点

わからなかったら動画《どうが》を見てね！

❶ 次《つぎ》の数の読み方を漢字《かんじ》で書きなさい。（1つ5点）

（1）27916543　（　　　　　　）

（2）8024501　（　　　　　　）

❷ 次の数を数字で書きなさい。（1つ5点）

（1）六千九百三十四万二千十五　（　　　　　　）

（2）三十八万七千二百　（　　　　　　）

（3）10000を49こ集《あつ》めた数　（　　　　　　）

（4）1000万を3こ，100万を5こ，10万を4こ，1000を1こ合わせた数

（　　　　　　）

❸ 次の数直線の㋐，㋑の目もりが表《あらわ》す数を書きなさい。（1つ5点）

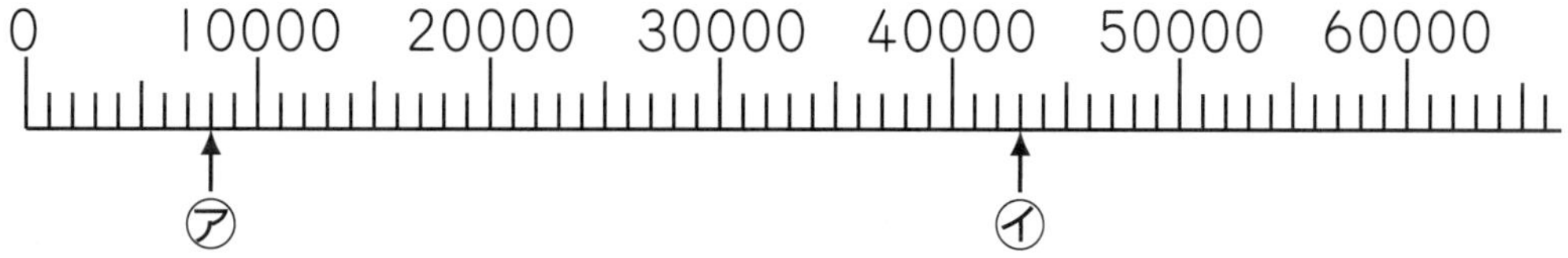
0
10000
20000
30000
40000
50000
60000
㋐
㋑

（　　　　）　（　　　　）

算数

4 次の筆算にはまちがいがあります。下の□の中に正しい筆算を書きなさい。

（1つ5点）

(1) 421 + 31　　(2) 538 − 439　　(3) 607 − 328

$$\begin{array}{r} 421 \\ +\ 31 \\ \hline 731 \end{array} \qquad \begin{array}{r} 538 \\ -\ 439 \\ \hline 101 \end{array} \qquad \begin{array}{r} 607 \\ -\ 328 \\ \hline 289 \end{array}$$

正しい筆算　　正しい筆算　　正しい筆算

5 ある博物館《はくぶつかん》では，昨日《きのう》の入場者《にゅうじょうしゃ》数が1826人，今日の入場者数が2195人でした。昨日と今日の入場者数を合わせると，何人ですか。（式《しき》5点・答え5点）

［式］

答え（　　　　　　）

6 ともみさんは408円を持《も》って，はるきさんは600円を持って，花屋《はなや》さんに行きました。そして，2人で320円ずつ出しあって640円の花たばを1つ買いました。のこりのお金はどちらが何円多いですか。（式10点・答え10点）

［式］

2人が出したお金は同じで
あることに注意《ちゅうい》しよう！

答え（　　　　　　）さんが（　　　　　　）円多い。

答えは『答えと考え方』

算数

学習日　　月　　日

得点《とくてん》　　／100点

第1回 たし算とひき算

わからなかったら動《どう》画《が》を見てね！

❶ 次《つぎ》の計算をしなさい。（1つ5点）

（1）

$$\begin{array}{r} 157 \\ +\ 342 \\ \hline \end{array}$$

（2）

$$\begin{array}{r} 628 \\ +\ 239 \\ \hline \end{array}$$

（3）

$$\begin{array}{r} 2315 \\ +\ 4965 \\ \hline \end{array}$$

（4）

$$\begin{array}{r} 816 \\ -\ 514 \\ \hline \end{array}$$

（5）

$$\begin{array}{r} 734 \\ -\ 609 \\ \hline \end{array}$$

（6）

$$\begin{array}{r} 9203 \\ -\ 8481 \\ \hline \end{array}$$

❷ 筆算《ひっさん》でしなさい。（1つ5点）

（1）39 + 466　　（2）200 − 41　　（3）300 − 7

❸ 暗算《あんざん》でしなさい。（1つ5点）

（1）27 + 58　　（2）50 − 29

算数

算数

ページ

理科

社会

★ 国語は 4 ページから始《はじ》まります。
★ 英語は 73 ページから始まります。

全部終《ぜんぶお》わったら，とじこみの「まとめテスト」にちょうせんしてみてね。

左のマークはむずかしい内容《ないよう》についています。とくことができれば自信《じしん》をもってよい問題《もんだい》です。まちがえた場合は，『答えと考え方』を読んで理解《りかい》しておきましょう。

おうちの方へ

算数　教科書内容対照表

授業動画は
こちらから

まだ習っていないところは，学校で習ってから復習としてお使いください。

	教科書のページ					
	東京書籍	啓林館	学校図書	日本文教出版	教育出版	大日本図書
第1回 たし算とひき算	上48～57 ページ 上70～73 ページ	上38～49 ページ 上90～91 ページ	上62～79 ページ	上48～62 ページ	上34～49 ページ	26～37 ページ 124ページ
第2回 大きい数	上84～97 ページ	上58～73 ページ	下4～19 ページ	上94～106 ページ	上106～117 ページ	108～122 ページ
第3回 □を使った式／ 時こくと時間	上27～33 ページ 下50～57 ページ	上52～57 ページ 下94～99 ページ	上23～30 ページ 下37～40 ページ 下116～123 ページ	上40～46 ページ 下94～99 ページ	上22～32 ページ 下96～103 ページ	70～77 ページ 205～213 ページ
第4回 かけ算	上8～25 ページ 上98～112 ページ 下58～68 ページ	上10～18 ページ 下20～39 ページ 下86～93 ページ	上10～22 ページ 上111～126 ページ 下72～83 ページ	上10～24 ページ 下6～20 ページ 下82～91 ページ	上10～21 ページ 下2～19 ページ 下84～95 ページ	10～23 ページ 78～93 ページ 214～225 ページ
第5回 円と球	上120～132 ページ	下2～13 ページ	下20～35 ページ	上120～130 ページ	上118～131 ページ	94～106 ページ
第6回 わり算	上34～46 ページ 上114～115 ページ 下70～73 ページ	上19～33 ページ 下14～19 ページ	上32～47 ページ 上60～61 ページ	上26～38 ページ	上51～66 ページ	56～68 ページ 136～137 ページ 226～229 ページ
第7回 あまりのあるわり算	上74～83 ページ	上104～115 ページ	上48～57 ページ	上108～117 ページ	上93～103 ページ	125～135 ページ
第8回 表とグラフ	下90～104 ページ	上74～89 ページ	上84～95 ページ	上64～80 ページ	上75～91 ページ	39～54 ページ
第9回 長さ／重さ	上60～69 ページ 下22～34 ページ	上98～103 ページ 上116～129 ページ	上100～109 ページ 下99～112 ページ	上82～89 ページ 下36～46 ページ	上67～74 ページ 下20～34 ページ	155～161 ページ 190～202 ページ
第10回 小数	下2～20 ページ	下70～83 ページ	下41～53 ページ	下22～34 ページ	下66～81 ページ	138～153 ページ
第11回 分数	下36～49 ページ	下40～51 ページ	下85～97 ページ	下48～62 ページ	下36～49 ページ	162～175 ページ
第12回 三角形と角	下74～89 ページ	下58～69 ページ	下54～69 ページ	下66～79 ページ	下50～63 ページ	176～187 ページ

「まとめテスト」にチャレンジしよう！

「まとめテスト」が3まいはさみこまれているよ。切りとって取《と》り組《く》もう。

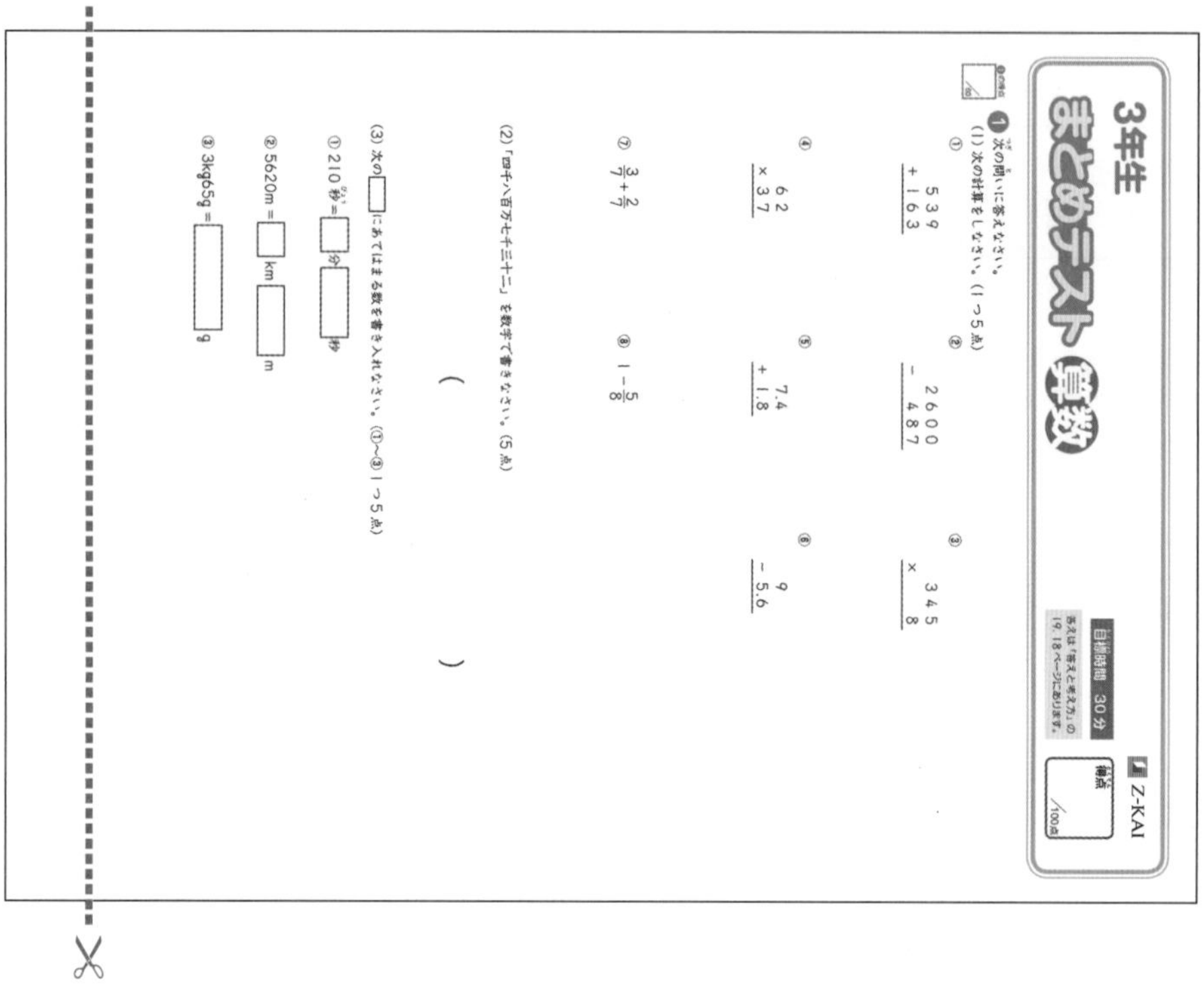

3年生
まとめテスト 算数
目標時間 30分
答えは『答えと考え方』の19，18ページにあります。
Z-KAI
得点 /100点

1 次の問いに答えなさい。
(1) 次の計算をしなさい。（1つ5点）
① 539 + 163
② 2600 − 487
③ 345 × 8
④ 62 × 37
⑤ 7.4 + 1.8
⑥ 9 − 5.6
⑦ $\frac{3}{7}+\frac{2}{7}$
⑧ $1-\frac{5}{8}$
(2)「四千八百万七千三十二」を数字で書きなさい。（5点）
（　　　　）
(3) 次の□にあてはまる数を書き入れなさい。（①～③1つ5点）
① 210秒＝□分□秒
② 5620m＝□km□m
③ 3kg65g＝□g

「まとめテスト」の取り組み方

・全部《ぜんぶ》の回が終《お》わったら「まとめテスト」に取り組もう。
・テストは，国語・算数・理科・社会の4教科あるよ（理科・社会は片面《かためん》ずつ）。
・4教科まとめてやってもいいし，何日かに分けて取り組んでもいいよ。
・わからないところは，調《しら》べながらといてもいいよ。
・終わったら，『答えと考え方』を参考《さんこう》にして自分で丸をつけてみよう。
・復習《ふくしゅう》に役立《やくだ》つポイントが赤字で記入してあるよ。答案《とうあん》に書きこんでみよう。

これで4年生になってもバッチリだね。

第4回 英語の文の書き方のきまり

英語の文を書くときに，どんなきまりがあるのか見てみよう。

音声DL 05 聞いてみよう

単語《たんご》の書き方

cat （ねこ）

単語は小文字で書きます。文字の間をつめすぎたり，あけすぎたりしないようにしましょう。

Mary （メアリー：女の子の名前）

人の名前や国名，地名などは，大文字で書き始《はじ》めます。

英語の文を書くときの基本的《きほんてき》なきまり

単語と単語の間は小文字１文字分くらいあけます。

How are you? （元気？）

最初《さいしょ》の文字は，大文字で書き始めます。

質問《しつもん》する文の終《お》わりには，？（クエスチョンマーク）をつけます。

２つの単語をまとめて１つに書くときには，’（アポストロフィ）をつけます。

れい） I am → I’m

I’m fine, thank you. （元気だよ。ありがとう。）

文の終わりには，．（ピリオド）をつけます。

「わたしは」を表《あらわ》す I は，文の最初だけでなく，文のどこにあっても大文字で書きます。

Yes, I am.

Yes ／ No のあとに I am ／ I’m not などがつづく場合は，，（カンマ）がつきます。

上の文は，Are you ～？（あなたは～ですか？）と聞かれたときに，「はい，そうです。」と答える文だよ。

ちょうせんしてみよう！ 答え

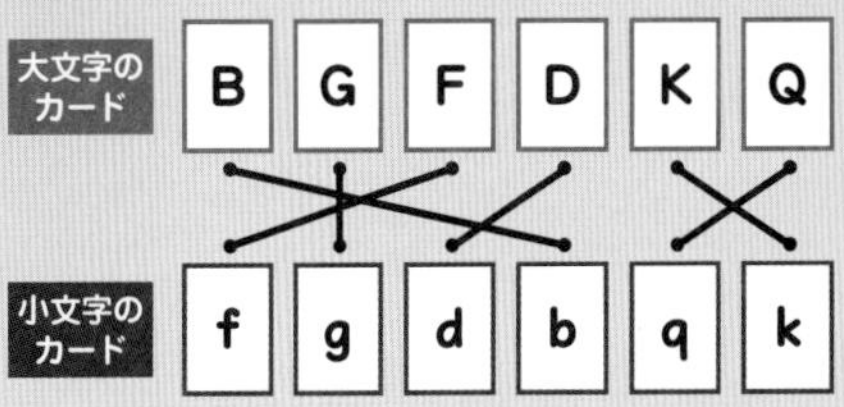
大文字のカード
B G F D K Q
小文字のカード
f g d b q k

天気をたずねよう

音声DL 03 聞いてみよう

How’s the weather?

意《い》味《み》 天気はどう？

天気はこう言うよ

It’s
- sunny. 
- cloudy. 
- rainy. 
- snowy. 

クイズにちょうせん

音声DL 04 聞いてみよう

聞こえてきた英語と絵を，線でつなごう。

① •　　　　•  It’s sunny.

② •　　　　•  It’s rainy.

③ •　　　　•  It’s snowy.

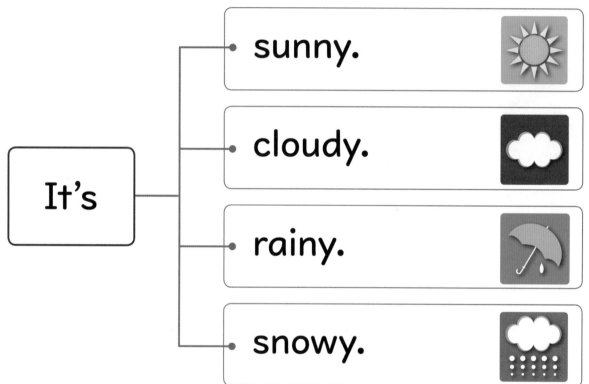

第3回 天気をたずねよう

はるかは家族《かぞく》とスキーに来たよ。前の日はスキー教室にさんかして，スキーがずいぶん上手《じょうず》になったようだよ。今日の天気はどうかな？

音声DL 02 聞いてみよう

How’s the weather?
お天気はどう?
Open the window.
まどを開《あ》けてみて。
It’s sunny.
晴れているよ。

o o

p p

q q

r r

s s

t t

u u

v v

w w

x x

y y

z z

ちょうせんしてみよう！

アルファベットの大文字と小文字を書いたカードがあるよ。同じアルファベットの組み合わせを線でむすんでみよう。

大文字のカード	B	G	F	D	K	Q
小文字のカード	f	g	d	b	q	k

大文字と小文字で，にた形のものもあるけれど，まったくちがう形の組み合わせもあるね。

答えは67ページ

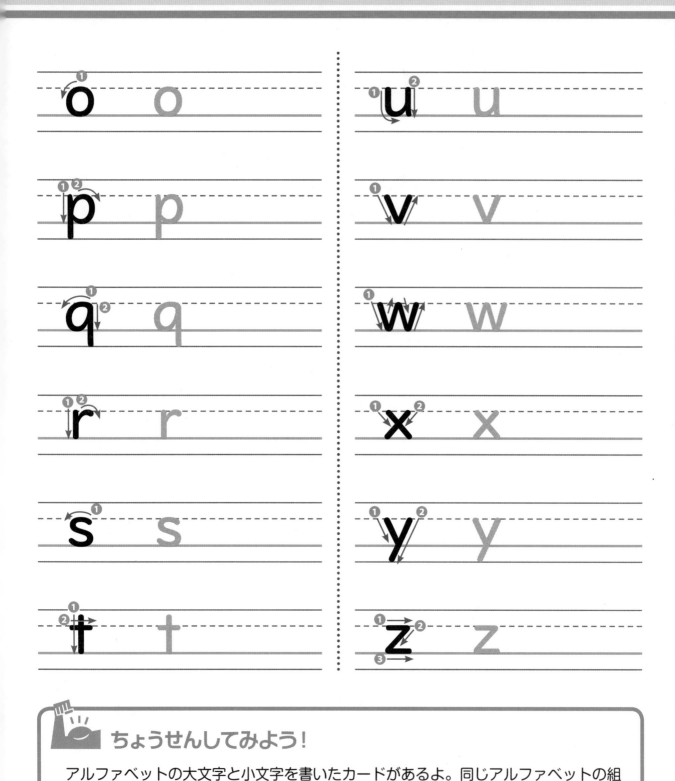

第2回 アルファベットを書いてみよう ②

次《つぎ》は「小文字」だよ。うすい文字をなぞってから，となりに自分で書いてみよう。大文字とにている文字もあるね。形のちがいもかくにんしよう。

書いてみよう

小文字

a a

b b

c c

d d

e e

f f

g g

h h

i i

j j

k k

l l

m m

n n

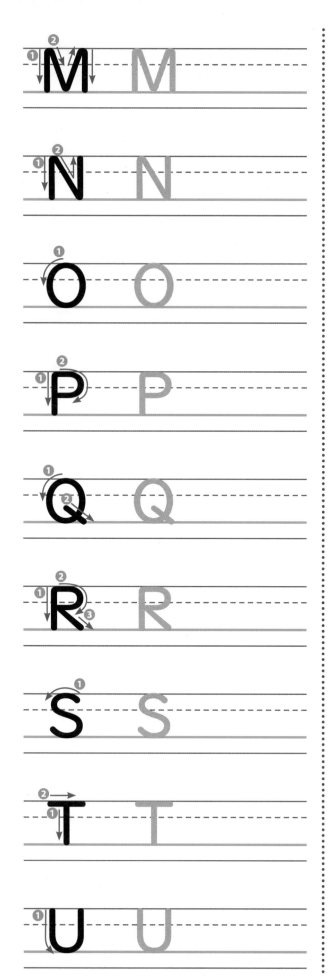

M M

N N

O O

P P

Q Q

R R

S S

T T

U U

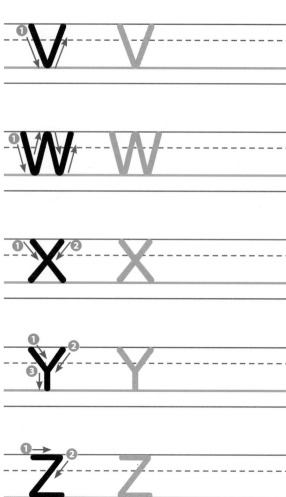

V V

W W

X X

Y Y

Z Z

アルファベットについて

アルファベットは全部《ぜんぶ》で 26 文字あるよ。そして，１つの文字には「大文字」と「小文字」があるんだ。

A	a
大文字	小文字

読み方はどちらも同じだよ。
次《つぎ》のページでは「小文字」を書いてみよう。

第1回　アルファベットを書いてみよう ①

英語の文字を「アルファベット」というよ。アルファベットには，大文字と小文字があるよ。

まずは，「大文字」を書いてみよう。うすい文字をなぞってから，となりに自分で書いてみようね。下の書きじゅんは１つのれいだよ。

音声DL 01 聞いてみよう

書いてみよう

大文字

A　A

B　B

C　C

D　D

E　E

F　F

G　G

H　H

I　I

J　J

K　K

L　L

英語

※英語はワーク形式《けいしき》のため『答えと考え方』はありません。

マークについて

…… 音声を聞いてみましょう。
音声の聞き方については下記をごらんください。

…… 文字をなぞったり，4 線に書いてみたりしましょう。

…… おさえておきたいポイントです。

音声の再生方法について（おうちの方へ）

■ ダウンロード（パソコン）

https://www.zkai.co.jp/books/wkwk-3onsei/

お手持ちのパソコンからアクセスしてください。

■ ストリーミング（タブレット・スマートフォン）

右記のコードからアクセスしてください。

は音声ファイルのファイル番号に対応しています。マークの数字が「01」の場合は音声ファイル 01 をお聞きください。

答えと考え方

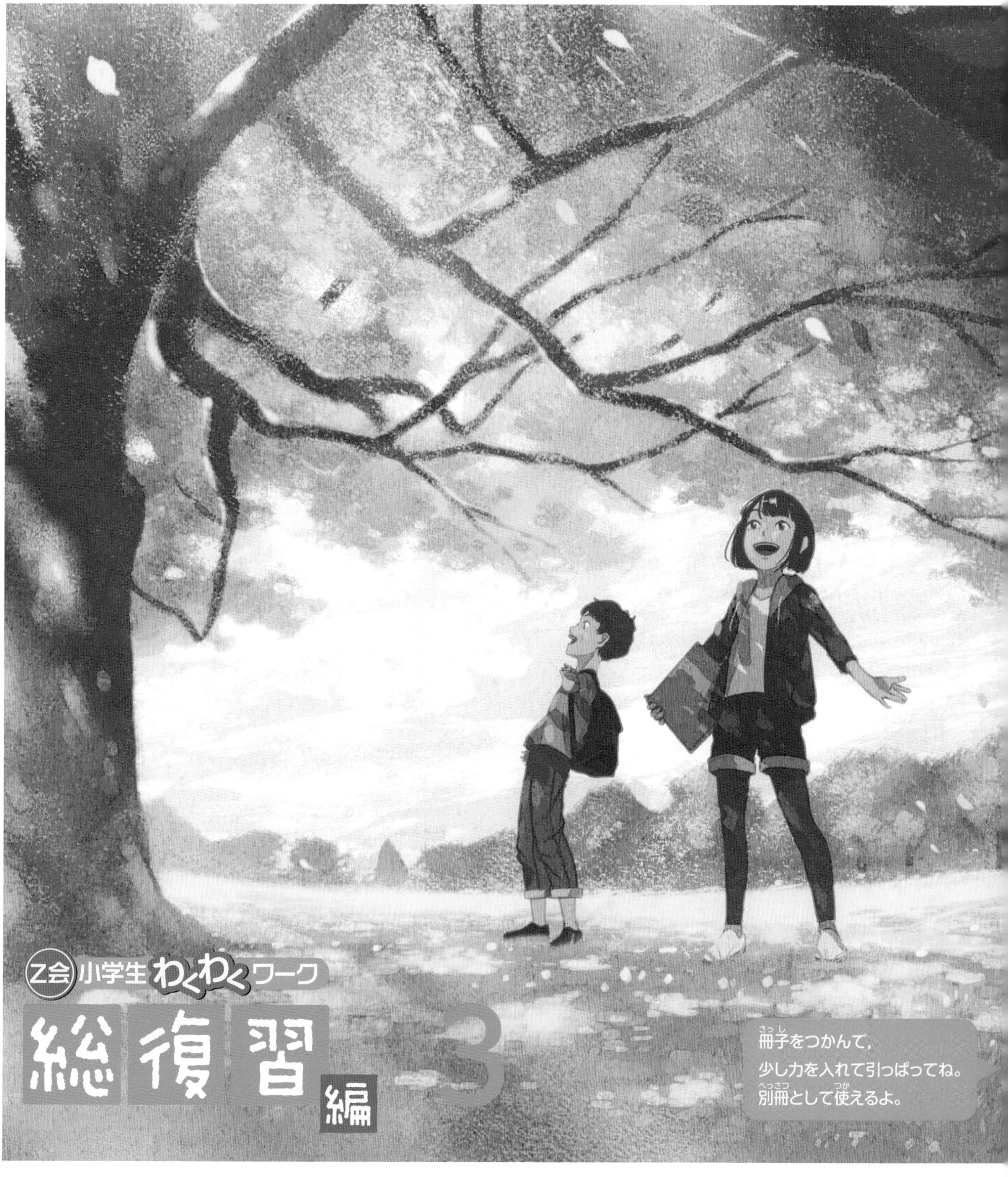
Z会 小学生 わくわくワーク
総復習編 3
冊子《さっし》をつかんで，
少し力を入れて引っぱってね。
別冊《べっさつ》として使《つか》えるよ。

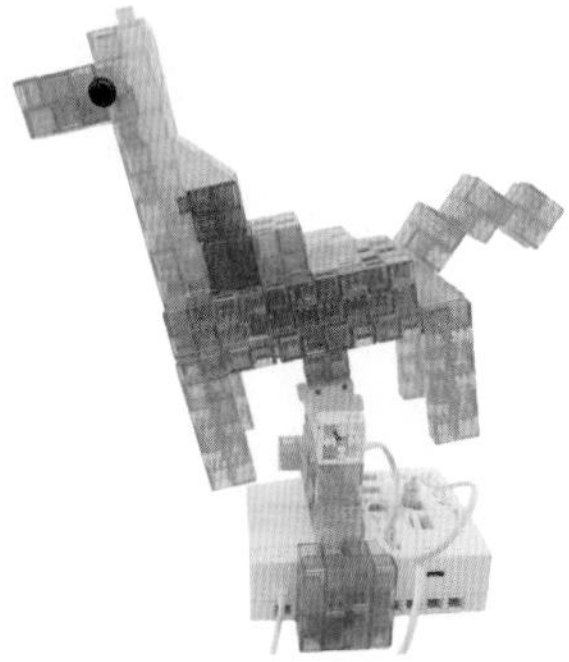

「答えと考え方」の使い方

★ 自分の答えと『答えと考え方』をくらべて，どのようなまちがいをしたのかや，正しい考え方をかくにんしましょう。

★ 正解《せいかい》した問題《もんだい》も，考え方が合っているか，ほかの考え方があるかなどをたしかめるために，「考え方」を読みましょう。

★ 答え合わせが終《お》わったら，「得点《とくてん》」を記入しましょう。

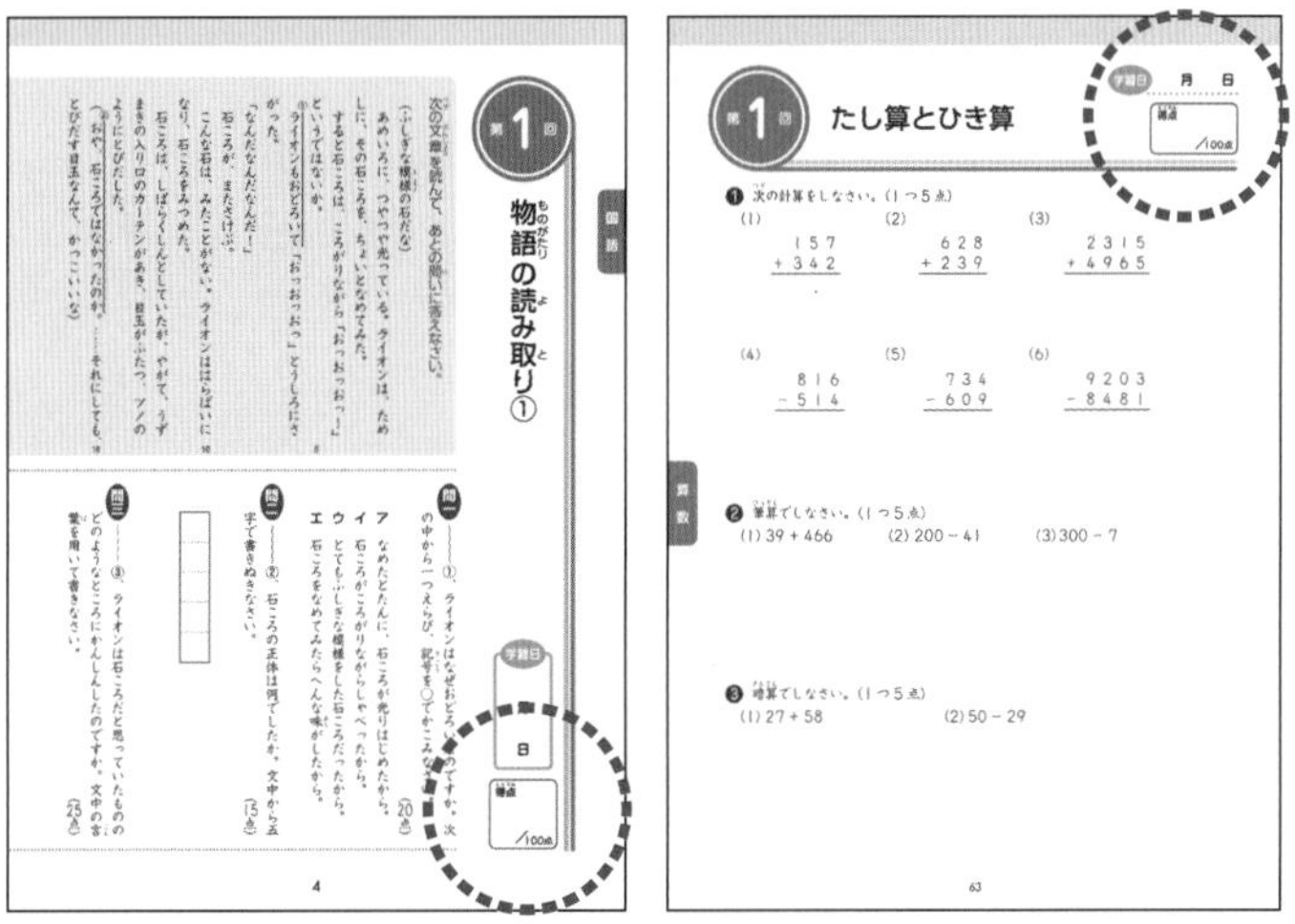

ここに得点を書くよ。

★ 1回分が終わったら,「わくわくシール」を1まいはりましょう。台紙は最後《さいご》のページにあります。

全部《ぜんぶ》終わると1まいの絵ができるよ。

目次《もくじ》

算数・理科・社会は後ろから始《はじ》まるよ。

国語

第1回 物語の読み取り①

考え方

問一 ——①の直前の二文に注目《ちゅうもく》しましょう。

ライオンは、ためしに、その石ころを、ちょいとなめてみた。
すると石ころは、ころがりながら「おっおっおっおっ!」というではないか。(2〜5行目)

ライオンがふしぎな模様《もよう》をした石をなめてみたところ、石だと思っていたものがころがって、「おっおっおっ!」といったのです。石はふつう自分からころがったりしゃべったりしませんね。予想外《よそうがい》のことが起《お》きて、ライオンはおどろいてしまったのです。

問二 文章全体《ぶんしょうぜんたい》をよく読んで考えましょう。12〜14行目に次のように書かれています。

石ころは、しばらくしんとしていたが、やがて、うずまきの入り口のカーテンがあき、目玉がふたつ、ツノのようにとびだした。

石ころは目玉とツノをもっているのですね。さらに、この目玉とツノをもつものは、ライオンに次のようにあいさつしています。

「こんにちは。おれ、ひるねのとちゅうの、かたつむりです」(21〜22行目)

ふしぎな模様の石ころの正体は、「かたつむり」だったのですね。ここまでは「石ころ」と表現《ひょうげん》されていたものが、「とびだす目玉」と言いかえられていることにも注目しましょう。

問三 ライオンが石ころだと思っていたものについて考えたことが書かれている部分《ぶぶん》をさがしましょう。——③の直前に、次のようにあります。

……それにしても、とびだす目玉なんて、かっこいいな(15〜16行目)

ライオンは、「とびだす目玉」を「かっこいい」と思っています。つまり、「目玉がとびだすところ」にかんしんしたのです。

「どのようなところ」と聞かれているときは、答えは「〜ところ。」とまとめよう。

問四 27〜28行目で、かたつむりがライオンに次のように言っていることに注目しましょう。

「おれもあんたをみて、たてがみつきの、いさましい船かと思ったよ」

かたつむりはさいしょにライオンをみたとき、「たてがみつきの、いさましい船」だと思ったのです。

会話の場面《ばめん》では、どの登《とう》場人物《じょうじんぶつ》が言ったせりふなのか、正しく読《よ》み取《と》ることが大切だね。

問五 ライオンとかたつむりの会話から考えましょう。ともだちになったふたりは、ライオンはかたつむりのことを「うずまき模様の石ころ」だと思っていて、かたつむりはライオンのことを「たてがみつきの、いさましい船」だと思っていたことを打《う》ち明け合いました。おたがいをちがうものだとかんちがいしていたことがわかって、かたつむりはそのかんちがいがおかしくてわらってしまったのですね。

答え

問一 イ
問二 かたつむり
問三 目玉がとびだすところ。
問四 たてがみつきの、いさましい船
問五 ウ

第2回 漢字・言葉の学習①

考え方

問一 文は、主語・述語《じゅつご》を中心にして組み立てられています。

> ◎主語……「何が（は）」「だれが（は）」にあたる言葉。
> ◎述語……「どうする」「どんなだ」「何だ」「ある（いる・ない）」にあたる言葉。

先に述語を見つけて、その述語にふさわしい主語をさがすようにするといいよ。

問二 くわしくする言葉は、「どんな」「どこで」「どのように」などを説明《せつめい》する言葉です。くわしくする言葉があることで、文の意味《いみ》がよりわかりやすくなります。どの言葉がどの言葉をくわしくしているのか、文の組み立てをおさえましょう。

(1)の文の場合は、「名前を」をくわしくしているのは**ウ**の「友人の」です。**ア**の「大きな」は、**イ**の「声で」をくわしくしています。

問三 (1)は、「どのように」歩くのかを説明している「ゆっくり」が答えです。くわしくする言葉をさがすときは、「どんな」「どこで」「どのように」などを説明する言葉と、その言葉がかかっている言葉をくっつけてみて、意味が通じるかどうかをたしかめるようにするとよいでしょう。

(1)の場合、「ゆっくり—歩く」は意味が通じますが、「小さな」「となり町の」は、「小さな—歩く」「となり町の—歩く」となり、意味が通じません。「小さな」「となり町の」は、「公園」をくわしくする言葉ですね。

問四 せつぞく語には、文と文、言葉と言葉をつなぐはたらきがあります。せつぞく語には、次のようなものがあります。

> ・「だから」「すると」「そこで」など
> ↓前の内容《ないよう》から予想《よそう》されることをあとにつづける。
> ・「しかし」「だが」「でも」など
> ↓前の内容から予想されることとはちがう内容をあとにつづける。

文と文、言葉と言葉がどのような関係《かんけい》でつながっているのかをとらえましょう。

前後のつながりに注意《ちゅうい》して、せつぞく語をえらぶようにしよう。

問五 (1)と(3)は、「だから」「そこで」というせつぞく語があるので、前の内容から予想されることがあとにつづくことがわかります。(1)は、「雨がふっている」ときには外に出ないと予想されるので、あとには**ア**がつづきます。(3)は、「話が聞き取れなかった」ときには、聞き直すと予想されるので、**ア**がつづきます。

(2)は、「しかし」というせつぞく語があることに注目します。「一生けんめい練習した」ことから予想されることとはちがう内容があとにつづくので、**イ**があてはまります。

答え

問一 (1) 主語＝**イ** 述語＝**ウ** (2) 主語＝**ウ** 述語＝**エ** (3) 主語＝**ア** 述語＝**エ** (4) 主語＝**ウ** 述語＝**エ**

問二 (1) **ウ** (2) **ウ**

問三 (1) ゆっくり (2) きれいな

問四 (1) **イ** (2) **ア**

問五 (1) **ア** (2) **イ** (3) **ア**

問六 (1) 薬 (2) 庭 (3) 荷物 (4) 筆箱 (5) 短い

第3回 説明文の読み取り①

考え方

問一 ——①のあとをよく読んで考えましょう。

「赤の他人」は、ただの知らない人という意味ではなく、「まったく知らない人」「ぜんぜんつながりのない人」というように、「他人」を強めていう言い方になっていますね。（6～9行目）

ここから、「『他人』を強めていう言い方」を書きぬきましょう。

「赤の他人」の「赤」は、色の「赤い」とはべつの意味で使われているんだね。

問二 ——②をふくむ段落《だんらく》をよく読みましょう。

- ・もともとは「火がさかんにもえている」という意味をもっていた。
- ↓
- ・この意味が「明るい」につながった。
- ↓
- ・この「明るい」が「明らかな」という意味をもつようになった。

「赤」という言葉の意味がどんどんかわっていったことが説明《せつめい》されていますね。ここから、字数にあうように書きぬきましょう。

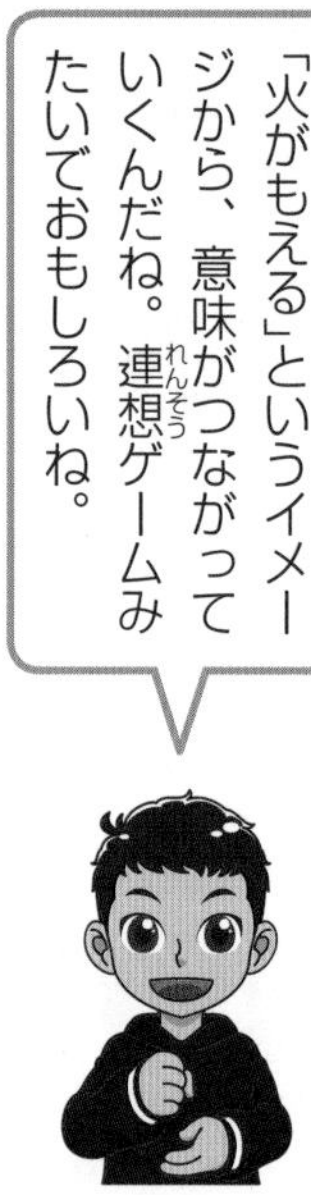
「火がもえる」というイメージから、意味がつながっていくんだね。連想《れんそう》ゲームみたいでおもしろいね。

問三 まずは（㋐）をふくむ一文をよく読みましょう。

これも「明らかな」という意味の「赤」が、（㋐）を表しています。

「これ」というこそあど言葉がありますね。「これ」が何を指《さ》しているのかをとらえましょう。こそあど言葉が指す内容《ないよう》は、前の部分《ぶぶん》に書かれていることが多いので、前を読みましょう。

「赤」にはこのほかに、「まったく、まるっきり」という強調の意味もあります。「真っ赤なうそ」ということばがそうですね。これも……

「これ」は、「『真っ赤なうそ』ということば」を指していますから、「真っ赤なうそ」の「赤」がどのような意味を表しているのかを考えましょう。

「真っ赤なうそ」は、「赤」が「『まったく、まるっきり』という強調の意味」で使われていると書かれていますから、同じことをのべている**ウ**が正解《せいかい》となります。

ココが大切！
こそあど言葉が出てきたら、何を指しているのかを考えることが大切です。

問四 「赤心」は、「いつわりのない誠実《せいじつ》な心」という意味の熟語《じゅくご》」です。では、「赤心」の「赤」は、どのような意味で使われているのでしょうか。

——③の前の一文に、「赤」の意味が説明されています。

もともとは「よごれやくもりのない、きよらかなじょうたい」を意味していました。

ここから書きぬきましょう。

答え

問一 「他人」を強めていう言い方（13字）

問二 **カ**＝火がさかんにもえている　**キ**＝明るい　**ク**＝明らかな

問三 **ウ**

問四 よごれやくもりのない、きよらかなじょうたい

問五 **ア**＝太陽　**イ**＝表

第4回 音や様子を表す言葉を使ってみよう

考え方

❶ (1) 絵には、女の子が軽《かる》くとびらをたたいている様子がえがかれています。とびらをたたく音を表す言葉には、次のようなものがあります。

がんがん・どんどん・とんとん・こんこん

絵では女の子は戸を軽くたたいている様子がえがかれているので、「とんとん」「こんこん」などの音があてはまります。「がんがん」「どんどん」を使うと、強くたたいている様子が表せますね。

(2) かがやく太陽の下で、男の子が暑《あつ》そうにしている様子がえがかれている絵です。その太陽が、どのような様子でかがやいているのかを考えましょう。ものがかがやく様子を表す言葉には次のようなものがあります。

ぴかぴか・きらきら・ぎらぎら・さんさん

絵の太陽は、強くかがやいていますね。したがって、「ぎらぎら」「さんさん」などの言葉があてはまります。「ぴかぴか」や「きらきら」は星がかがやく様子を表すときなどに使われます。

❷ まずはそれぞれの言葉が、どんな音や様子を表しているのかを考えましょう。

・ふかふか
　ふっくらとやわらかい様子を表す。
・ぐらぐら
　物《もの》がゆれて安定《あんてい》しない様子を表す。
・そよそよ
　風がしずかにふく様子を表す。

どんな音や様子を表しているのかがわかったら、それにあう場面を考えましょう。

「ぐらぐら」は、湯《ゆ》などがにえる様子を表す言葉でもあるよ。「やかんの湯がぐらぐらとにえたつ」などの文を作ってもいいね。

❸ (1) かえるたちがおどっているのを男の子がながめていますね。絵を見ていて、どんな音が聞こえてくるでしょうか。また、どんな様子がつたわってきますか。

雨が強くふっていて、かえるたちはとても楽しそうにはねているね。

雨のふる音は「ざあざあ」、かえるたちがはねる様子は「ぴょんぴょん」などで表すことができます。こうした音や様子を表す言葉を使って、お話を作りましょう。

(2) 女の子が雲に乗《の》っている様子がえがかれています。雲がうかんでいる様子や、女の子の楽しそうな様子を表す言葉には、どんなものがあるのかを考えましょう。

雲がうかんでいる様子は「ぷかぷか」という言葉でも表すことができるね。

答え

やってみよう 【れい】

❶ (1) とんとん／こんこん
(2) ぎらぎら／さんさん

❷ (1) やきたてのパンはふかふかしていておいしい。
(2) 歯《は》がぐらぐらして、今にもぬけそうだ。
(3) 草原をそよそよと風がふいていて、とても気持《きも》ちいい。

❸ (1) 雨がざあざあふっている中で、かえるたちがぴょんぴょんはねながら楽しそうに歌を歌っていました。
(2) 学校の帰り道に、なんと雲が落《お》ちていました。わたしが乗ったとたん、雲がふわふわとういて、空をとびはじめました。

第5回 物語の読み取り②

考え方

問一 （ あ ）・（ い ）の前後をよく読んで、ラマとバクがどんな顔をしているのかを考えましょう。ラマは「もんくをいって」いるので、なにかふまんがあると考えられます。また、バクはラマにゆめをたべたことをせめられて、「そうだったかな」ととぼけていますね。したがって、「ふへい顔」と「とぼけ顔」の組み合わせとなっている**エ**が正解《せいかい》です。

問二 ——①の前に注目《ちゅうもく》しましょう。

> バクはふだんは、わるいゆめしかたべません。でも、きのうの夜中は、あんまりおなかがへったので……（6〜7行目）

「あんまりおなかがへった」から、バクはついついラマのゆめをたべてしまったのですね。

問三 ラマがどんなゆめを見ていたのかを読み取りましょう。——②のラマの言葉に対《たい》するバクの答えに注目します。

> 「とってもいいゆめだなんて、ただ、空を見ているだけのゆめだったじゃないか。」

ラマは、空を見ているゆめを見ていたのですね。

問四 ——③の直後の一文に注目しましょう。

> ラマのゆめをたべていなければ、それが空を見ていたゆめだったなんて、わからない［から］です。

バクは、ラマに「とってもいいゆめだったのに」と言われ、ついラマがどんなゆめを見ていたかしゃべってしまいます。ラマのゆめを食べていなければわからないことをしゃべってしまったら、ラマのゆめを食べたことがばれてしまいますね。だから、バクは「しまった」と思ったのです。

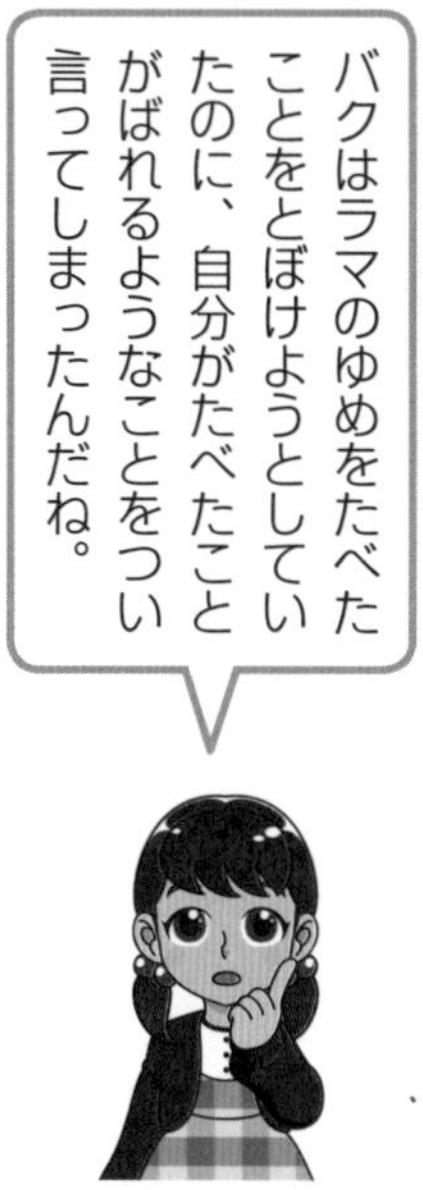
バクはラマのゆめをたべたことをとぼけようとしていたのに、自分がたべたことがばれるようなことをつい言ってしまったんだね。

ココが大切！
理由《りゆう》を聞かれているときは、「〜から」「〜ので」などの表現《ひょうげん》をさがしましょう。

問五 バクの気持ちを、バクのとった行動を手がかりにしてとらえましょう。

> 長い鼻を右、左にふって、「ぼくはバクだ。」なんて、かんけいないことをいって、ごまかそうとしました。

まず、バクが——④のような行動をとったのはなぜなのかを考えましょう。バクは、ラマに「しょうじきにいえよ。たべたんだろ」と、ゆめをたべたことをせめられています。そこで、「長い鼻を右、左にふって」という行動をとったり、かんけいないことをいったりしてラマの気をそらそうとしたのですね。したがって、このときのバクは、**ウ**の「ゆめをたべたことをごまかしたい気持ち」だったということがわかります。

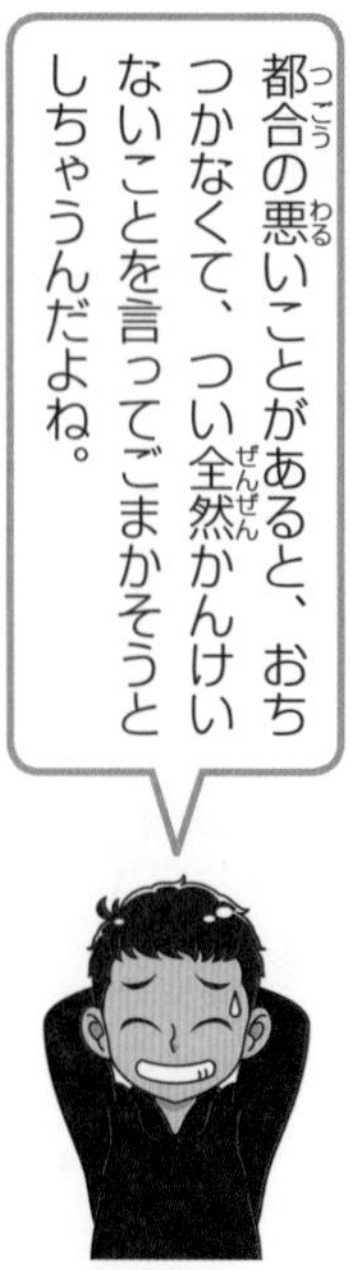
都合《つごう》の悪《わる》いことがあると、おちつかなくて、つい全然《ぜんぜん》かんけいないことを言ってごまかそうとしちゃうんだよね。

答え

問一 エ

問二 あんまりおなかがへった（から。）

問三 ただ空を見ているだけのゆめ。

問四 **ア**＝ラマのゆめ　**イ**＝わからない

問五 ウ

第6回 漢字・言葉の学習②

考え方

問一　二つ以上《いじょう》の語が組み合わされてとくべつな意味を表す言葉を「慣用句《かんようく》」と言います。「慣用句」には、体の部分を使ったものがたくさんあります。問題《もんだい》に出ていたもの以外で、いくつかしょうかいしておきます。

◎「頭」を使った慣用句
・頭がいたい。（うまくいかずになやむ。）
◎「耳」を使った慣用句
・耳にたこができる。（同じことを何度《なんど》も聞いて聞きあきる。）
◎「足」を使った慣用句
・足がぼうになる。（足がつかれる。）
◎「手」を使った慣用句
・手をやく（こまる。てこずる。）
・手にあまる（自分の力では始末《しまつ》できない。）

問二　ことわざは、古くから言い習わされてきた言葉で、教えの意味をもったものです。
　ことわざにはにた意味をもつものや、反対《はんたい》の意味をもつものがあるので、まとめておぼえておくとよいでしょう。

・石橋をたたいてわたる
反対の意味　あぶない橋をわたる
・さるも木から落ちる
にた意味　かっぱの川流《かわなが》れ
・なき面にはち
にた意味　弱り目にたたり目

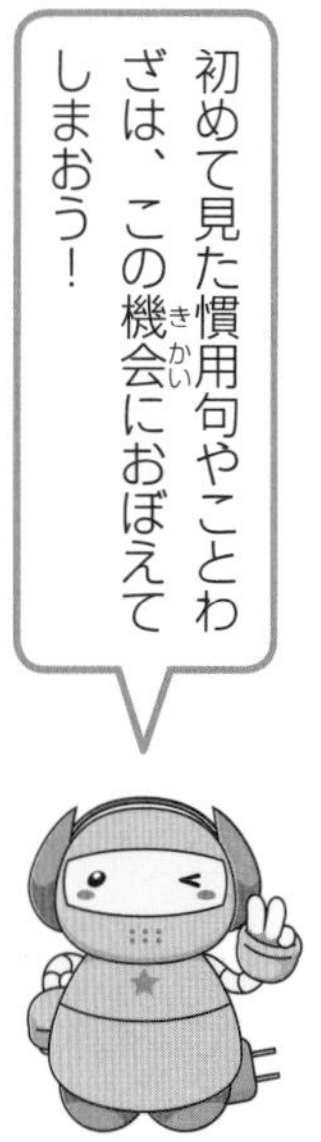
初めて見た慣用句やことわざは、この機会《きかい》におぼえてしまおう!

問三　「たとえ」は、あるものを他のものを使って表現《ひょうげん》することを言います。
　(1)は、ほおの様子を「りんご」にたとえています。では、ほおのどのような様子を「りんご」にたとえているのでしょうか。「りんご」は赤いくだものです。つまり、てれて赤くなったほおを「りんご」にたとえているのです。
　(2)は、気候《きこう》について「れいぞう庫の中にいるようだ」と言っています。「れいぞう庫」の中は、とてもつめたくなっていますね。そこで、「れいぞう庫の中にいるようだ」という表現で、とても寒い様子を表しているのだとわかります。

「りんご」や「れいぞう庫」のとくちょうを考えるとわかるね。

問四　「～ように」「～ような」などのたとえる言葉を使って、足が速い様子を表現しましょう。
　速いものには、どのようなものがあるでしょうか。速く走る動物《どうぶつ》といえば、「チーター」ですね。そこで、「兄はチーターのように足が速い。」などと表現することができます。また、「いなずまのように」「風のように」などのたとえる言葉を使って、速く走る様子を表現することもできます。

たとえる言葉を使って表現することで、相手にイメージがよくつたわるね。

答え

問一　(1) 頭　(2) 耳　(3) のど　(4) 足
問二　(1) **ウ**　(2) **ア**　(3) **イ**
問三　(1) **ア**　(2) **ウ**
問四　【れい】兄はチーターのように足が速い。
問五　(1) 氷　(2) 島　(3) 鉄橋　(4) 運転　(5) 有名　(6) 苦しい　(7) 始まる

第7回 説明文の読み取り②

考え方

問一 （㋐）の前後をよく読んで、文のつながりをとらえましょう。

> そんな水が、じゃ口をひねるだけで出てくるのをふしぎに思ったことはありますか。（㋐）、あたりまえだと思っていましたか。

よごれていないきれいな水がじゃ口をひねるだけで出てくることについて、「ふしぎに思ったことはありますか」、「あたりまえだと思っていましたか」と、筆者は二つ読者に問いかけていますね。二つのうちどちらかをえらぶというつながりになっているので、（㋐）には**エ**「それとも」があてはまります。

> **ココが大切！**
> せつぞく語の問題では、前後の文のつながりを考えることが大切です。

問二 直後の一文が、「そういうところ」で始《はじ》まっていることに注目《ちゅうもく》しましょう。「そういうところ」は、「水道のない地域《ちいき》」を指《さ》しています。

> そういうところでは、深い井戸《いど》をほったり、遠くの川まで水をくみに行ったりしないと水が手に入りません。（10～11行目）

水道のない地域では、「深い井戸をほったり」、「遠くの川まで水をくみにいったり」して、水を手に入れているのです。この二点をおさえましょう。

問三 こそあど言葉の問題では、こそあど言葉よりも前の部分《ぶぶん》に注目して、こそあど言葉が何を指しているのかをとらえましょう。

> しんじられないかもしれませんが、子どもたちが毎日一日中水運びをしている地域もあります。その子たちは学校へ行くひまもありません。（12～14行目）

――②の直前で、子どもたちについて説明《せつめい》されており、それを受《う》けて「その子たち」と言っています。したがって、直前の一文から答えをまとめます。答えをまとめるときは、「その子たち」という部分にあてはめて意味《いみ》が通じるように、「毎日一日中水運びをしている子たち」などとまとめましょう。

答えを書いたら、こそあど言葉の部分にあてはめて、意味が通じるかどうかかくにんしよう。

問四 水道がどうしてつくられたのかが書かれている部分をさがしましょう。

> **ラインを引こう**
> 16～17行目 人びとがけんこうでべんりなくらしができるように、水道は次つぎつくられていきました。

ここから、「けんこうでべんりなくらし」を書きぬきましょう。

問五 最後《さいご》の一文に筆者の考えが書かれています。

> たくさんの人の努力《どりょく》によってとどけられたしげんを、大切に使いたいですね。

水も電気もガスも大切なしげんで、たくさんの人の努力によってとどけられているのです。大切なしげんを出しっぱなし、つけっぱなしにしてむだ使いしていることを筆者はよくないことだと考え、しげんを大切に使っていきたいと言っているのですね。

答え

問一 エ

問二 ・深い井戸をほる。
・遠くの川まで水をくみに行く。

問三 毎日一日中水運びをしている子たち。

問四 けんこうでべんりなくらし （17字）

問五 イ

第8回 漢字・言葉の学習③

考え方

問一・問二 にた意味の言葉と反対の意味の言葉についての問題《もんだい》です。

> にた意味の言葉（類義語《るいぎご》）
> 【れい】わらう―ほほえむ　学習―勉強
> 反対の意味の言葉（対義語）
> 【れい】遠い―近い　向上―低下《ていか》
> ※対義語には、意味が対《つい》になる言葉もあります。
> 【れい】天―地　上―下

言葉をおぼえるときには、にた意味の言葉や反対の意味の言葉をセットでおぼえよう。知っている言葉をどんどんふやそうね。

問三 「高い」はたくさんの意味をもつ言葉で、次のような意味があります。

> 「高い」の意味
> ① 上の位置《いち》にある。　【れい】高いビル。
> ② 金額《きんがく》が大きい。　【れい】高い本。
> ③ 音や声が大きい。　【れい】高い声を出す。
> ④ 程度《ていど》が上である。　【れい】理想《りそう》が高い。

(1)・(2)の文において、「高い」がどの意味で使《つか》われているのかを考えましょう。

(1)は、①の意味で使われています。したがって、反対の意味の言葉は「ひくい」になります。(2)は、②の意味で使われています。したがって、反対の意味の言葉は「安い」になります。

なお、③と④の意味の「高い」の反対の意味の言葉は、どちらも「ひくい」です。

このように、同じ言葉でも、使われる意味によって、反対の意味の言葉がことなることがあります。注意しておぼえましょう。

問四 漢字には、発音が同じで、意味がことなる言葉がたくさんあります。文をよく読んで、正しい漢字を考えましょう。

> ・発音が同じで意味がことなる言葉
> 【れい】
> しょうか ＜ 水をかけて消火する／食べ物を消化する
> ・訓《くん》読みが同じで意味がことなる言葉
> 【れい】
> きる ＜ 紙をはさみで切る／新しい洋服《ようふく》を着る
> はやい ＜ 朝早く家を出る／かれは足がとても速い
> ※「早い」と「速い」は意味がにているので注意がひつようです。

問五 (1)の「し」という音読みの漢字には、「市」「詩」「死」「子」「紙」などがあります。

(2)の「きしゃ」には、「記者」「汽車」などの書き方があります。「汽」は「淣」と書くまちがいが多いので注意しましょう。

文の意味を考えて、どの漢字が正しいか考えよう。

ロボくんからの問題

次の――の漢字としてあうものはどれかな？それぞれ記号を○でかこもう。

①日本のじんこうを調《しら》べる。
ア 人口　**イ** 人工

②駅《えき》で友達《ともだち》にあう。
ア 合　**イ** 会

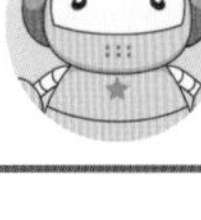

答え

問一 (1) いかる　(2) 決心　(3) 方位
問二 (1) 終わる　(2) きけん　(3) 反対　(4) 心配
問三 (1) ひくい　(2) 安い
問四 (1) **ア**　(2) **イ**
問五 (1) ①市　②詩　(2) ①汽車　②記者
問六 (1) 皿　(2) 血　(3) 写真　(4) 平等　(5) 銀色　(6) 宿題　(7) 美しい

ロボくんからの問題の答え　①**ア**　②**イ**

第9回 物語の読み取り③

考え方

問一 （あ）にあてはまるのは、達也《たつや》の気持ちを表す言葉です。このとき達也がどんな気持ちだったのかを読み取りましょう。

（達也は）心のうちでバンザイをさけんでいました。

達也のおねえちゃんが一着でゴールインしたことで、一組チームが優勝《ゆうしょう》しました。達也の二組チームは優勝をのがしてしまったので、声に出してバンザイとさけぶことができません。そこで、心のうちでバンザイとさけんだのです。バンザイとさけぶときはうれしいときなので、**エ**の「うれしくて」があてはまります。

三組も二組もぬいたおねえちゃんの走りはかっこよかっただろうね。

問二 ――①の直後に「それが、なんと――。」とあることに注目《ちゅうもく》しましょう。予想《よそう》とはちがうことが発表されたのだと考えられます。

4〜5行目に「みごと一着でゴールインです。一組チームの優勝をきめました。」とあるように、おねえちゃんが「一着」でゴールインしたのだから、当然《とうぜん》一組チームが優勝だと思っていたのです。しかし、おねえちゃんがルールいはんをして「しっかく」になったと発表されたのです。字数にあうように書きぬきましょう。

問三 ――②の直後の段落《だんらく》に注目しましょう。

かこんでみよう
22〜23行目　勝《か》ちたい思いだけで、あせっていました。だいじなやくそくをわすれていたのです。

バトンをうけとるときには、テーク・オーバー・ゾーンのなかでうけわたすというだいじなやくそくがありました。おねえちゃんは、勝ちたい思いが強くてあせるあまり、バトンをうけとるときにだいじなやくそくをわすれてしまって、ゾーンからはみだしたところで、バトンをうけとってしまったのです。この部分《ぶぶん》から答えをまとめましょう。

問四 「下をむいたまま、小さく小さく、体をまるめる」おねえちゃんの気持ちを考えます。

――③の直前に「しっぱいでした」とあるように、おねえちゃんのしっぱいのせいで、一組はしっかくになってしまいました。29〜38行目を読むと、お父さんとお母さんがおねえちゃんをはげましていることがわかります。ここから、――③のときのおねえちゃんの気持ちは「しっぱいしてしまったことにがっかりする気持ち」だと考えられます。答えは**ウ**です。

おねえちゃんは自分がしっかくになったことを知っているので、**ア**の「何が起きたのかわからずに」はまちがいです。また、「下をむいて体をまるめる」様子《ようす》は、「おろおろする」ともあいません。

イの「いらいらする気持ち」も「小さく小さく、体をまるめる」おねえちゃんの様子とはあわないので、これもまちがいです。

エのように「しかたがない」とは思えないから、おねえちゃんは落ちこんでいるのです。

自分のしっぱいのせいでクラスがしっかくになってしまったなんて、とてもショックだろうね。

答え

問一 **エ**

問二 **カ**＝一着　**キ**＝しっかく

問三 勝ちたい思いが強くてあせっていて、バトンをうけとるときのだいじなやくそくをわすれていたから。

問四 **ウ**

問五 **ア**＝地面　**イ**＝帰

第10回 絵を見てお話を作ろう

考え方

❶ それぞれの絵に、どんな場面がえがかれているのかを考えましょう。

(1) 女の子がきょろきょろとまわりを見回していますね。何かさがしているのでしょうか。そこにくまが何か話しかけようとしています。なんと話しかけるのでしょうか。

女の子のじょうきょうを想像《そうぞう》し、くまのせりふを考えましょう。

(2) 男の子がお店で人形を買おうとしている場面です。しかし、お店の人はこまった顔をしていますね。なぜお店の人がこまっているのか、理由を考えましょう。

お金が足りてないんじゃないかな?
出したお金が日本では使《つか》えない外国のお金だったという理由はどうかしら?

自分なりに理由をいろいろと考えて、それにあうせりふを書きましょう。

❷ (1) 空中にうかんでいる男の子と、それをびっくりした様子で見ている女の子がえがかれていますね。男の子は、なぞめいた本を手にしていますね。いったいどうして男の子が空中にうかんでいるのかを考えましょう。男の子が持《も》っている本が「まほうの本」で、空中にうかぶまほうを身《み》につけたのだと考えることができますね。また、男の子が実《じっ》はまほう使いだった、という設定《せってい》でもよいですね。

(2) うちゅう人がサッカーボールを持っていますね。なぜサッカーボールを持っているのか、サッカーボールで何をしようとしているのかなど、いろいろと想像してみましょう。

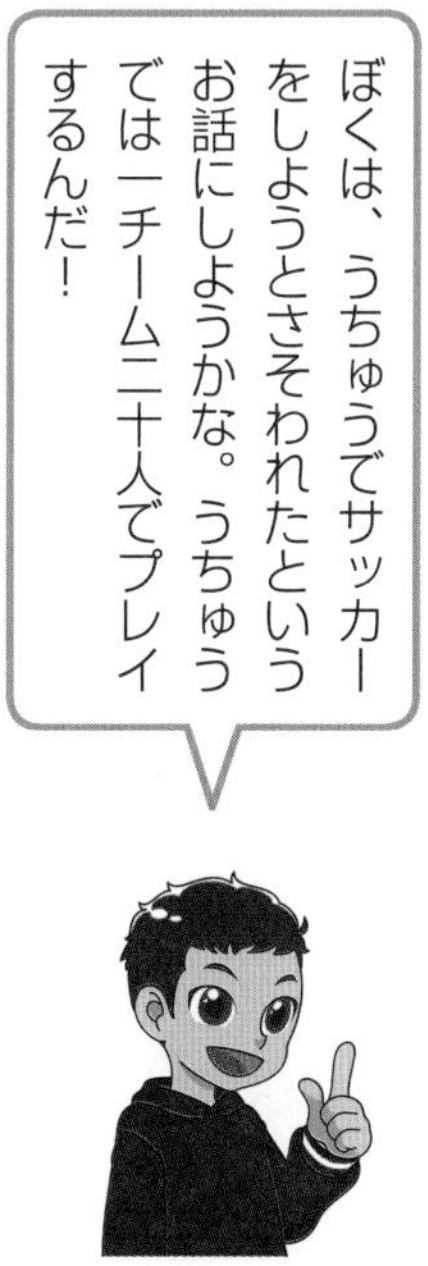
ぼくは、うちゅうでサッカーをしようとさそわれたというお話にしようかな。うちゅうでは一チーム二十人でプレイするんだ!

それぞれの絵には現実《げんじつ》にはありえない様子がえがかれていますが、どうしてそうなったのかを考えて、お話を作るようにするといいですね。

ココが大切!
絵から読《よ》み取《と》れることを手がかりに、自由に想像をふくらませましょう。

答え

やってみよう 【れい】

❶ (1) 女の子…おさいふ落《お》としちゃった……。どこかに落ちてないかな。

くま…おじょうさん。何かさがしていますか。いっしょにさがしてあげましょうか。

(2) 男の子…おじさん、ぼくにその人形を売ってください。

お店の人…あれ、そのお金はどこの国のお金だい? ここではそのお金は使えないよ。

❷ (1)「あれ! あなた空中にういているじゃない! どうしたの?」

女の子がびっくりして聞くと、

「ふふふ。まほうの本を手に入れたんだ。」

と、男の子はとくいげに答えました。

(2) ある日ぼくは、道でうちゅう人に出会った。

「うわー。うちゅう人だ。びっくりした。」

「うちゅうではこの球《たま》に乗《の》って移動《いどう》するんだけど、地球《ちきゅう》ではどうやって使うの?」

うちゅうではサッカーボールは乗り物らしい。

第11回 説明文の読み取り③

考え方

問一 ──①をふくむ段落《だんらく》の内容《ないよう》を読み取りましょう。10～12行目に、ベラがいつ、どこでねむるのかが説明《せつめい》されています。

夜になると、海底《かいてい》のすなの中や、岩かげにもぐりこんで、うごかなくなります。ベラは、すなの中や岩かげで、ねむっているのです。

・いつ ➡夜
・どこで ➡すなの中や岩かげ

海にいるベラは、夜になると、海底のすなの中や岩かげにもぐりこんで、ねむっているのですね。

問二 ──②の直後の一文をよく読みましょう。

つりをする人や、鳥など、てきから身をまもるためですが、そうやってねむっている、とも考えられています。

理由《りゆう》を表す「～ため」という言い方に注目《ちゅうもく》しましょう。川の魚は、「てきから身をまもるため」に、岩のかげや石の下にひそんでいるのです。

問三 ──③の直後の一文に注目します。

広い海を泳ぎまわっているので、毎日の生活をかんさつすることができないからです。

「～から」も理由を表す言い方です。この部分《ぶぶん》が答えになります。

イワシやカツオは身近な魚だけど、どのようにねむるかわかっていないなんて、意外だな。

問四 ──④の直前に「そのため」とあることに注目しましょう。「そのため」の前に、魚にはまぶたがない理由が書かれていると考えられます。

魚は、いつも水の中にいるので、まばたきをするひつようはありません。そのため、魚にはまぶたがないのです。（35～37行目）

「まばたきをするひつようがない」ため、魚にはまぶたがないのです。さらに、まばたきは何のためにするのかを読みとりましょう。

わたしたち人間のまぶたは、目をまもるためのものです。また、ときどきぱちぱちとまばたきをして、目の中になみだをながし、目がかわかないようにする、はたらきもしています。（29～35行目）

まばたきは、「目がかわかないようにする」ためにしているのです。つまり、魚はいつも水の中にいるので、目がかわくことがなく、まばたきをするひつようがないから、まぶたがないのです。

問五 **ア～エ**の内容と、文章《ぶんしょう》の内容をてらし合わせて考えましょう。

ア・エ 20行目からの段落に注目します。海の魚は、「ぜんぜんねむらないか、泳ぎながら数秒間、ねむることをくりかえしている」と書かれています。したがって、これらはまちがいです。

イ 第一段落の内容とあいません。

ウ 13行目からの段落の内容とあいますね。したがって、これが答えです。

ア～エと問題文をていねいにてらし合わせよう。

答え

問一 夜になると、海底のすなの中や岩かげにもぐりこんで、ねむっている。

問二 てきから身をまもるため

問三 広い海を泳ぎまわっているので、毎日の生活をかんさつすることができないから。

問四 魚はいつも水の中にいるので、目がかわくことがなく、まばたきをするひつようがないから。

問五 ウ

第12回 漢字・言葉の学習④

考え方

問一 漢字には、左と右の二つの部分に分けられるものがあります。二つに分けた左がわの部分を「へん」、右がわの部分を「つくり」と言います。「へん」から、その漢字の表《あらわ》す意味《いみ》が何に関係《かんけい》するかわかることがあります。代表的《だいひょうてき》な「へん」について、かくにんしておきましょう。

- 禾（のぎへん）…米などの作物に関係する。
- 木（きへん）……木などの植物に関係する。
- 言（ごんべん）…言葉などに関係する。
- 扌（てへん）……手などに関係する。
- 糸（いとへん）…糸などに関係する。

同じへんやつくりをもつ漢字をまとめておぼえておくといいね。

問二 それぞれのへんとつくりを組み合わせると、「院」「洋」「持」「植」「体」の五つの漢字ができます。「値」「侍」もできますが、そうすると、あまってしまうものが出ますね。「同じへん・つくりを二回使わないこと」というじょうけんに注意《ちゅうい》しましょう。

問三 ①の読みは音読み、②の読みは訓《くん》読みになっています。

◎音読み……漢字が日本につたわったときの中国語の発音《はつおん》をもとにした読み方。
◎訓読み……漢字の意味にあう日本語をあてはめた読み方。

「音」の読み方には、それだけでは意味のわかりにくいものが多く、「訓」の読み方には、聞いただけで意味のわかるものがたくさんあります。たとえば、「春」は、「シュン」では意味がよくわかりませんが、「はる」と聞くとわかりますね。

問四 こそあど言葉は、物事《ものごと》や場所を指ししめすはたらきをする言葉のことです。どのこそあど言葉を使うかは、話し手や聞き手とのきょりによって決《き》まります。

- 話し手に近いもの……「これ」「この」など
- 聞き手に近いもの……「それ」「その」など
- 両方から遠いもの……「あれ」「あの」など
- わからないもの………「どれ」「どの」など

(1)は、話し手からも聞き手からも遠くに見えるたてものを指しているので、「あれ」があてはまります。
(2)は、聞き手は話し手が引っこす前にいた場所がわかっていないので、「どこ」があてはまります。

問五 こそあど言葉は、主《おも》に前に出てきたものを言いかえるときに用いられます。そこで、こそあど言葉が指すものをさがすときは、こそあど言葉よりも前の部分に注目するようにしましょう。
(1)は、話し手が何を取ってほしいとたのんでいるのかを考えましょう。(2)は、話し手がどこに行こうと思っているのかを考えましょう。
指ししめしている言葉を見つけることができたら、こそあど言葉とおきかえてみて、意味が通じるかどうかをたしかめましょう。

ココが大切！
こそあど言葉が指す言葉をさがすときは、まずはこそあど言葉よりも前の部分に注目しましょう。

答え

問一 (1) 糸・いとへん　(2) 禾・のぎへん
問二 院・洋・持・植・体
問三 (1) ①げんき　②もと
(2) ①しゅんぶん　②はるやす
(3) ①こうか　②うたごえ
(4) ①してい　②おやゆび
問四 (1) あれ　(2) どこ
問五 (1) ウ　(2) ウ
問六 (1) 波　(2) 港　(3) 感想　(4) 高級
(5) 宿題　(6) 整える　(7) 起きる

3年生 まとめテスト 答えと考え方

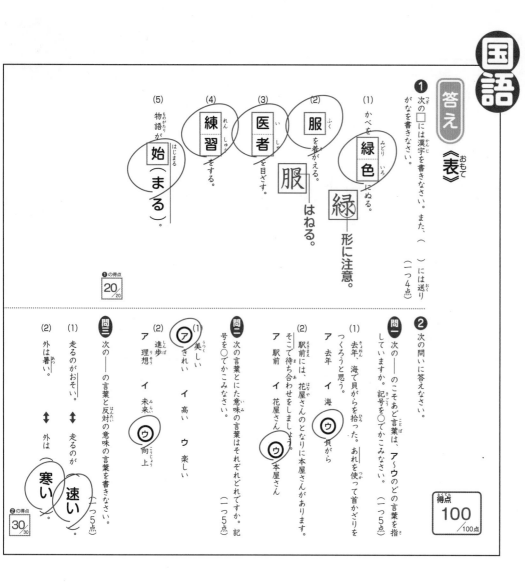

国語

答え 《表《おもて》》

得点《とくてん》 100/100点

❶ 次《つぎ》の□には漢字《かんじ》を書きなさい。また、（　）には送《おく》りがなを書きなさい。（一つ4点）

(1) かべを 緑《みどり》色《いろ》 にぬる。

緑 形に注意。

(2) 服《ふく》 を着《き》がえる。

服 はねる。

(3) 医《い》者《しゃ》 を目ざす。

(4) 練《れん》習《しゅう》 をする。

(5) 物語《ものがたり》が 始《はじ》（まる）。

❶の得点 20/20

❷ 次の問いに答えなさい。

問一 次の――のこそあど言葉《ことば》は、ア～ウのどの言葉を指《さ》していますか。記号《きごう》を○でかこみなさい。（一つ5点）

(1) 去年《きょねん》、海で貝がらを拾《ひろ》った。あれを使《つか》って首かざりをつくろうと思う。

ア 去年　イ 海　ウ 貝がら（○ウ）

(2) 駅前《えきまえ》には、花屋《はなや》さんのとなりに本屋さんがあります。そこで待《ま》ち合《あ》わせをしましょう。

ア 駅前　イ 花屋さん　ウ 本屋さん（○ウ）

問二 次の言葉とにた意味《いみ》の言葉はそれぞれどれですか。記号を○でかこみなさい。（一つ5点）

(1) 美《うつく》しい

ア きれい　イ 高い　ウ 楽しい（○ア）

(2) 進歩《しんぽ》

ア 理想《りそう》　イ 未来《みらい》　ウ 向上《こうじょう》（○ウ）

問三 次の――の言葉と反対《はんたい》の意味の言葉を書きなさい。（一つ5点）

(1) 走るのがおそい。 ⇕ 走るのが（速い）。

(2) 外は暑《あつ》い。 ⇕ 外は（寒い）。

❷の得点 30/30

考え方

❶ 漢字は、トメ・ハネ・はらいの細かな部分まできちんと書きましょう。

❷ 問一 こそあど言葉が指す内容《ないよう》をおさえることはとても大切です。文章を読んでいてこそあど言葉が出てきたときは、つねにこそあど言葉が指す内容を考えるようにしましょう。

問三 (1) 速度《そくど》が「おそい」の反対の意味の言葉は「速い」です。「早い」とまちがえないようにしましょう。

❸ 問一 ――①の「これ」は、カラスのエサになるものですね。前を読むと、人間の出す「生ゴミ」について説明《せつめい》されていますから、「これ」が指す内容は「生ゴミ」だとわかります。しかし、それだけでは説明が足りません。――①の直前の一文に「畑や田んぼにすてられた生ゴミ」とありますから、ここをまとめて「畑や田んぼに生ゴミをすてる」などとしましょう。

「生ゴミ」がおさえられていないものは0点です。「畑や田んぼにすてられた」をおさえていないものは―5点です。

《うら》

❸ 次《つぎ》の文章《ぶんしょう》を読んで、あとの問《と》いに答えなさい。（50点）

　カラスは、人間のだすゴミのなかに食べることのできるものが入っていることを知って、ゴミ集積所《しゅうせきじょ》をえさ場とするようになったのです。ゴミぶくろのなかには、調理《ちょうり》のときの野菜《やさい》くずや肉の切れはしから、ちょっといたみはじめた食材《しょくざい》や、食べきれずにのこしたざんぱんまで入っています。農村《のうそん》では、畑《はたけ》や田んぼに生ゴミをすてることがあります。①これもカラスのエサになるのです。

　野生動物《どうぶつ》は、自然《しぜん》のなかに食《た》べ物《もの》が少なくなれば、生きのこることができません。春から秋にかけては、野や山にはカラスのエサがほうふにありますが、冬にはエサが少なくなるので、死《し》んでいくカラスもいて、急《きゅう》に数がふえるということはありませんでした。

（　あ　）、人の近くには生ゴミというエサが一年じゅう安定《あんてい》してあることをカラスがおぼえてしまったために、人の近くでカラスがふえることになったのです。

　野生動物がらくにエサを手に入れられるところに近よってくるのは、当然のことかもしれません。

　近年、都会《とかい》でふえているハシブトガラスの場合、小さな公園の樹木《じゅもく》にも、学校の校庭《こうてい》の高い木や、マンションの庭《にわ》の樹木、マンションの屋上《おくじょう》にある貯水《ちょすい》タンクのかげなどにもすをつくることができます。すのざいりょうも、小えだがなければ針金《はりがね》のハンガーでもかのうです。

　都会は、ハシブトガラスの本来のすみかである森林とずいぶんかんきょうがちがうように思えますが、②共《きょう》通《つう》する点もあります。うっそうと樹木がしげる森と、高《こう》層《そう》ビルが林立し、電柱《でんちゅう》や電線がはりめぐらされている都会は、どちらもハシブトガラスにとっては生活やすづくりをするためのかんきょうなのです。

　森のカラスは、樹木のえだにとまって地上のエサを物色し、エサを見つけるとさっとまいおりてエサをくわえて樹上にもどって食べます。都会では、カラスのとまる樹木が電柱や電線、高層ビルにかわり、エサもゴミぶくろのなかの生ゴミにかわっただけです。さらに、都会にはカラスの天敵《てんてき》のオオタカやワシなどもいないので、カラスは安心して子育《こそだ》てができるのです。

杉田昭栄《すぎたしょうえい》監修《かんしゅう》・こどもくらぶ編《へん》
『シリーズ鳥獣害《ちょうじゅうがい》を考える　①カラス
人はなぜカラスとともだちになれないの？』
（農山漁村文化協会刊《のうさんぎょそんぶんかきょうかいかん》）

問一 ――①、「これ」は何を指《さ》していますか。文中の言《こと》葉《ば》を用いて十五字以内《いない》で書きなさい。（10点）

畑や田んぼにすてられた生ゴミ。

問二 （　あ　）にあてはまる言葉を次の中から一つえらび、記号《きごう》を○でかこみなさい。（5点）

ア　ところが（○）　イ　そして　ウ　だから　エ　また

こそあど言葉→前の内容《ないよう》に注目。

せつぞく語の前後の内容に注目。

問三 ――②、「共通する点」とありますが、「都会」と「森林」は、カラスにとってどのようなかんきょうなのですか。文中から二十字以内で書きぬきなさい。（10点）

生活やすづくりをするためのかんきょう

ここに注目。

問四 なぜ都会でカラスがふえたのですか。次の文の（　ア　）～（　ウ　）にあてはまる言葉を文中から書きぬきなさい（ア・イは二字・ウは三字）。（一つ5点）

都会では一年じゅう（　ア　）を手に入れることができて、（　イ　）もいないので、安心して（　ウ　）ができるから。

ア　エサ
イ　天敵
ウ　子育て

問五 問題文《もんだいぶん》の内容としてあうものを次の中から一つえらび、記号を○でかこみなさい。（10点）

ア　都会にはカラスのすのざいりょうが全《まった》くない。
イ　山ではカラスの数が急にふえることはない。（○）
ウ　カラスは人の近くで生活しないようにしている。
エ　カラスのエサは都会よりも森のほうが多い。

❸の得点　50/50

問二　前後の文のつながりをとらえましょう。

……（カラスの）数がふえるということはありませんでした。
（　あ　）、……カラスがふえることになったのです。

（　あ　）の前後では、反対のことがのべられていますね。したがって、**ア**「ところが」があてはまります。

問三　つづく部分をよく読みましょう。都会と森林について、次のようにのべられています。

どちらもハシブトガラスにとっては生活やすづくりをするためのかんきょうなのです。（28～29行目）

問四　文章全体をよく読んで考えましょう。都会でカラスがふえた理由《りゆう》については、14～15行目で「生ゴミというエサが一年じゅう安定してあることをカラスがおぼえてしまったため」と書かれています。また、34～36行目には、「都会にはカラスの天敵《てんてき》のオオタカやワシなどもいないので、カラスは安心して子育てができる」と書かれています。

　ここから、字数にあうように書きぬきましょう。

問五　22～23行目に都会のカラスは針金《はりがね》のハンガーをざいりょうにしてすをつくることもかのうだとあるので、**ア**はまちがいです。**イ**は、第《だい》二段落《だんらく》の内容とあっています。**ウ**は、16行目の「人の近くでカラスがふえる」という内容とあいません。**エ**は、一年じゅうエサがある都会に対し、森では冬にエサが少なくなると11～12行目にあるので、まちがいです。

　よって、答えは**イ**です。

答え

得点《とくてん》 100／100点

❶の得点 30／30

❶ 次《つぎ》の文章《ぶんしょう》が，下の地図で学校から市役所《しやくしょ》へ行く道順《みちじゅん》を説明《せつめい》したものとして正しくなるように，（ ① ）～（ ③ ）にあてはまる言葉《ことば》を，□の中からそれぞれ１つえらび，書きなさい。（それぞれ10点）

学校の北側《きたがわ》の道を西に向《む》かって進《すす》みます。この道の右側には公園や工場，左側には（ ① ）があります。その後，神社《じんじゃ》がある交差点《こうさてん》を左に，つづいて，（ ② ）がある交差点を右に曲《ま》がります。しばらく行くと，道の（ ③ ）側に市役所があります。

けいさつしょ	田	寺	畑《はたけ》
左	病院《びょういん》	右	ゆうびん局《きょく》

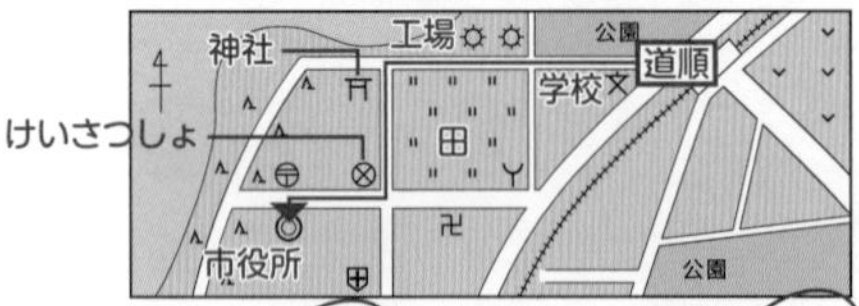

①（田）　②（けいさつしょ）
③（左）

❷の得点 10／10

❷ 次《つぎ》の**ア～ウ**は，キャベツが出荷《しゅっか》されるまでに，農家《のうか》の人が行う仕事《しごと》です。土づくりとよばれる仕事を**ア～ウ**の中から１つえらび，記号《きごう》を書きなさい。（10点）

ア　キャベツに水をやったり，農薬《のうやく》をまいたりして，おいしく育《そだ》つように世話《せわ》をします。

イ　なえを畑《はたけ》に植《う》える前に，トラクターというきかいを使《つか》って畑をたがやしたり，ひりょうをまいたりします。

ウ　キャベツが育ったら，取《と》り入《い》れて出荷します。だんボール箱《ばこ》につめられたやさいは，農業協同組合《のうぎょうきょうどうくみあい》などに運《はこ》ばれます。

おいしいキャベツを育てられるように，畑の土を元気にする。

（イ）

❸の得点 20／20

❸ 食《た》べ物《もの》を作る工場では，せいけつさに，とても気をつけています。食べ物を作る工場ではたらく人が白い服《ふく》を着《き》ている理由《りゆう》は何ですか。かんたんに説明《せつめい》しなさい。（20点）

（よごれがわかりやすいから。）

❹の得点 10／10

❹ 次《つぎ》のグラフは，あるスーパーマーケットで，パンが１週間に売れた数を表《あらわ》したものです。このスーパーマーケットでパンの仕入《しい》れをしている人が，来週も人気のあるパンをたくさん売ろうと考えるならば，どのように仕入れるとよいですか。下の**ア～ウ**の中から１つえらび，記号《きごう》を書きなさい。（10点）

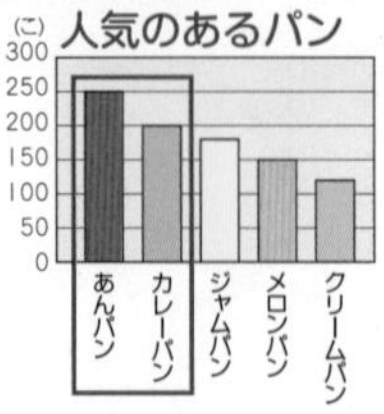

たくさん売るためには，たくさん仕入れておくひつようがある。

ア　どのパンも，200こ仕入れる。

イ　あんパンやカレーパンを多く，メロンパンやクリームパンを少なく仕入れる。

ウ　メロンパンやクリームパンを多く，あんパンやカレーパンを少なく仕入れる。

（イ）

❺の得点 30／30

❺ けいさつと消防《しょうぼう》は，さまざまな仕事《しごと》をしています。あてはまるものを，次《つぎ》の**ア～カ**からそれぞれ３つずつえらび，記号《きごう》を書きなさい。（それぞれ５点）

ア　交番で道案内《みちあんない》をしたり，地いきのパトロールに出かけたりする。

イ　学校でのひなん訓練《くんれん》に出向《でむ》き，消火器《しょうかき》の使《つか》い方《かた》を指導《しどう》する。

ウ　交通事故《こうつうじこ》をふせぐために交通安全教室《こうつうあんぜんきょうしつ》を開《ひら》く。

エ　信号機《しんごうき》の青の長さを調節《ちょうせつ》したり，道路《どうろ》のこんざつを知らせたりする。

オ　119番で通報《つうほう》を受《う》けて，担当地区《たんとうちく》にれんらくする。

カ　救急車《きゅうきゅうしゃ》を出動《しゅつどう》させて，けが人や急病人《きゅうびょうにん》を病院《びょういん》へ運《はこ》ぶ。

けいさつ（ア）（ウ）（エ）
消防（イ）（オ）（カ）

けいさつへの通報は110番。

考え方

❸ 服が「よごれてしまった」ときに，かんたんに「わかる」ことを書けていれば○です。また，よごれに気づいて，「着がえられる」ことを書いていても○です。

《答えの例《れい》と○つけの仕方》

○ 20点

「よごれが目立つから。」

「服がよごれたら，すぐにせいけつな服に着がえられるから。」

△ 10点

「黒い服だと，よごれがわかりにくい。」

考え方はあっています。白い服を着ることのよさを，はっきりと書きましょう。

× 0点

「白い服はせいけつだから。」

白い服を着ると，なぜせいけつのためになるのでしょうか。よごれてしまったときに，すぐに気づけるので，べつのせいけつな服に着がえられるからですね。

答え

得点《とくてん》 100／100点

❶の得点 10／10

❶ ヒマワリについて書かれた文として正しいものを，次《つぎ》のア～ウの中から１つえらび，記号《きごう》を書きなさい。（10点）

ア　冬になってもかれない。
イ　子葉《しよう》は１まいである。
ウ　根《ね》・くき・葉《は》がある。

ヒマワリやホウセンカの子葉は２まい。

（ ウ ）

❷の得点 15／15

❷ 次の図は，シオカラトンボのからだのつくりを表《あらわ》しています。あしをかき入れなさい。（15点）

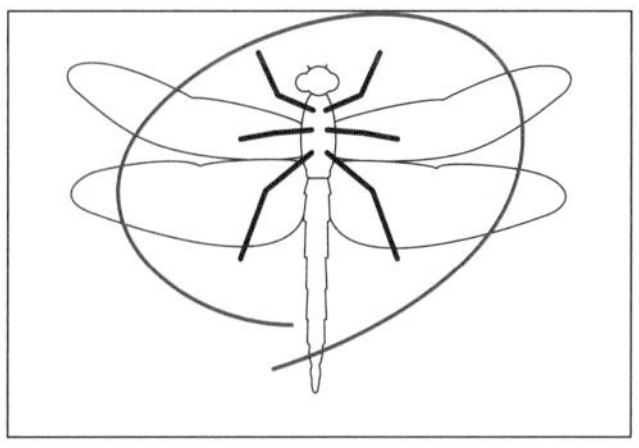

❸の得点 10／10

❸ １本のわゴムに，ある重《おも》さのおもりをつるすと，図１のようになりました。図２のように，図１と同じしゅるいのわゴムを２本使《つか》って同じおもりをつるすと，ゴムののび方はどうなりますか。次のア～ウの中から１つえらび，記号を書きなさい。（10点）

図１

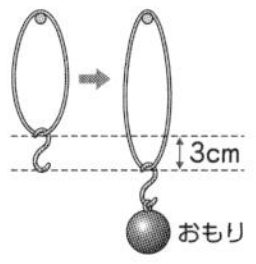
3cm
おもり

図２

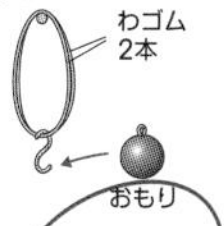
わゴム
2本
おもり

ア　3cmよりも長くのびる。
イ　3cmよりも短《みじか》くのびる。
ウ　3cmのびる。

わゴム１本にかかる力が小さくなる。

（ イ ）

❹の得点 15／15

❹ 右の図のように，１まいのかがみではねかえした日光を，水の入ったとう明なペットボトルに当てて水をあたためます。これよりはやく水をあたためるには，どうすればよいですか。ア・イのどちらかをえらび，記号を書きなさい。（15点）

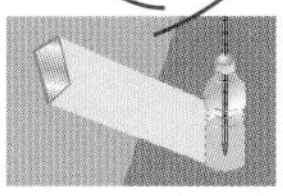

ア　イ

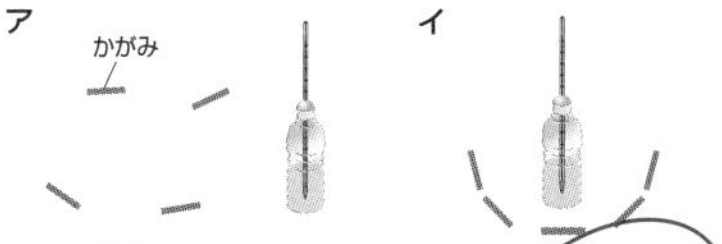
かがみ

ア　日光を何度《なんど》もはねかえしてから当てる。
イ　かがみのまい数をふやす。

（ イ ）

❺ 図の①のように，はかりの上に水の入ったビーカーと木切れをのせました。次に，図の②のように，木切れを水にうかせました。はかりの数字が大きくなるのは①・②のうち，どちらですか。番号《ばんごう》を書きなさい。同じ数字になる場合は，「同じ」と書きなさい。（10点）

❺の得点 10／10

①　②

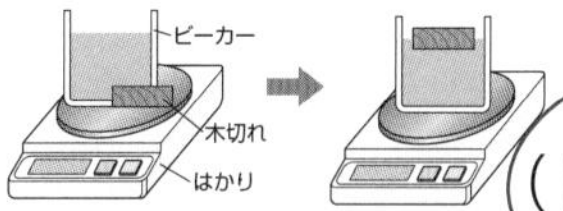
ビーカー
木切れ
はかり

（ 同じ ）

❻ 下の図の┆┆に，ア～エをそれぞれつなぎました。豆電球《まめでんきゅう》のあかりがつくものには「○」を，つかないものには「×」を書きなさい。（１つ５点）

❻の得点 20／20

ア　十円玉
イ　アルミニウムはく
ウ　ガラスのビー玉
エ　鉄《てつ》のくぎ

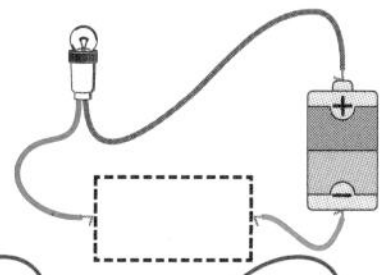

ア（ ○ ）　イ（ ○ ）
ウ（ × ）　エ（ ○ ）

○→金ぞくでできているもの

❼ 右の図のように，じしゃくにつながった２本の鉄のくぎをじしゃくからはなしてもつながったままなのは，鉄のくぎがじしゃくになっているからです。①～④はそれぞれ何きょくになっていますか。「N」・「S」のどちらかを書きなさい。（１つ５点）

❼の得点 20／20

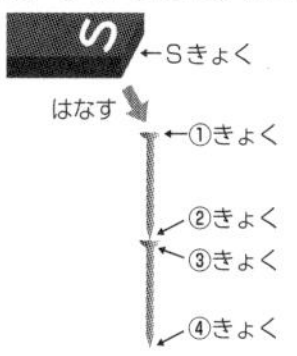
S
←Sきょく
はなす
←①きょく
②きょく
③きょく
④きょく

①（ N きょく）　②（ S きょく）
③（ N きょく）　④（ S きょく）

考え方

❷ むねから左右３本ずつ，６本のあしが出ていれば，正解《せいかい》です。

《答えの例《れい》と○つけの仕方》

○ 15点

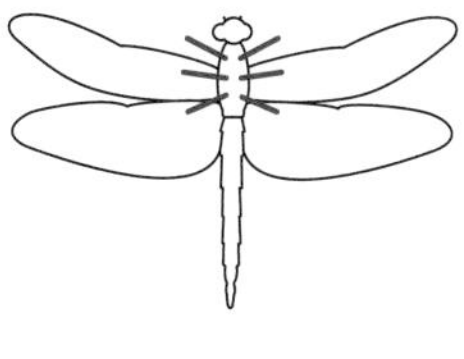

むねから６本のあしが出ている。

× 0点

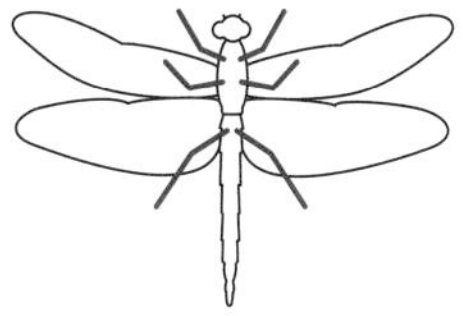

むねから４本，はらから２本のあしが出ている。

× 0点

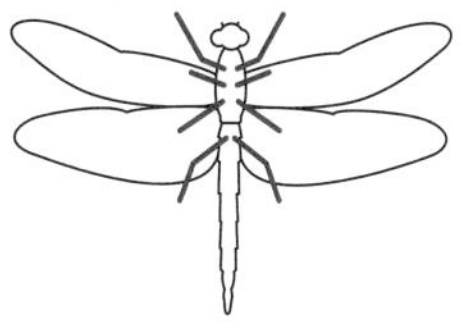

むねから６本，はらから２本のあしが出ている。

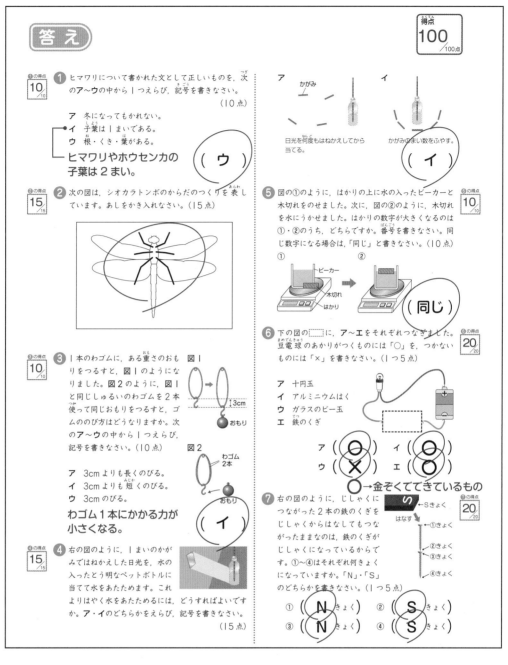

答え 《うら》

❷の得点 20/20

❷ 次の問いに答えなさい。

(1) りんごが63こ，みかんが9こあります。りんごの数は，みかんの数の何倍《ばい》ですか。(式《しき》5点・答え5点)

[式]

63 ÷ 9 = 7

答え (7倍)

(2) 18このチョコレートを4人で同じ数ずつ分けると，1人分は何こになって，何こあまりますか。

(式5点・答え5点)

[式]

18 ÷ 4 = 4 あまり 2

(たしかめ)
4 × 4 + 2 = 18

答え 1人分は (4) こになって，(2) こあまる。

❸の得点 10/10

❸ 右のぼうグラフは，りえさんの学校の図書室で1週間にかし出した本のしゅるいを表《あらわ》したものです。ぼうグラフを見て，次の問いに答えなさい。(1つ5点)

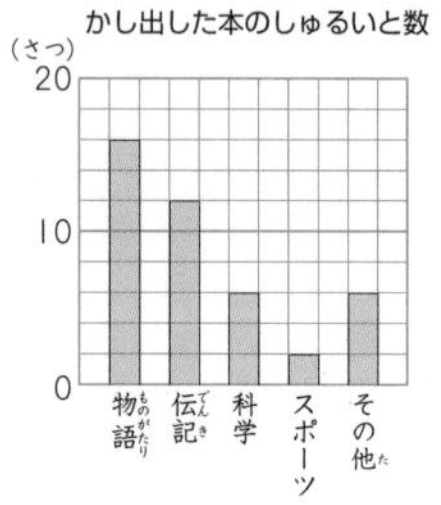

(1) たてのじくの1目もりは，何さつを表していますか。

(2さつ)

(2) 物語は，科学よりも何さつ多くかし出しましたか。

(10さつ)

❹の得点 10/10

❹ **ア**の点を中心にして，直径《ちょっけい》が4cmの円をかきました。次の問いに答えなさい。(1つ5点)

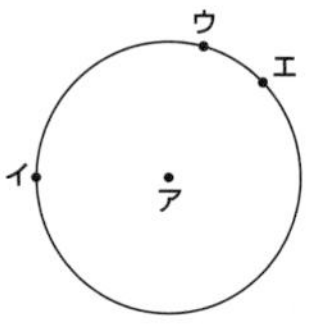

(1) この円の半径は何cmですか。

半径は直径の半分。

(2cm)

(2) **ア**～**エ**の点のうち，3つの点をむすんでできる三角形の中で，二等辺三角形《にとうへんさんかくけい》は何こありますか。

2つの辺の長さが等しい三角形。

(3こ)

---

❷ (1) りんごの数が，みかんの数の□倍だとすると，9 ×□= 63

□にあてはまる数は，63 ÷ 9 = 7

したがって，りんごの数は，みかんの数の7倍です。

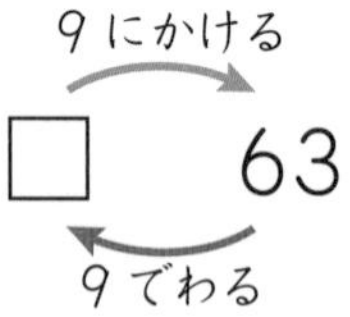

(2) 1人分のチョコレートの数は，

全部《ぜんぶ》のチョコレートの数÷人数

でもとめられるから，

18 ÷ 4 = 4 あまり 2

したがって，1人分は4こになって，2こあまります。

❸ (1) 0から10までを5等分しているから，1目もりは2さつを表《あらわ》しています。

(2) 物語は16さつ，科学は6さつだから，ちがいは，16 − 6 = 10 (さつ)

❹ (1) 半径は直径の半分だから，2cmです。

(2) 円の半径だから，**アイ**，**アウ**，**アエ**の長さは，2cmです。

右の図より，二等辺三角形は3こあります。

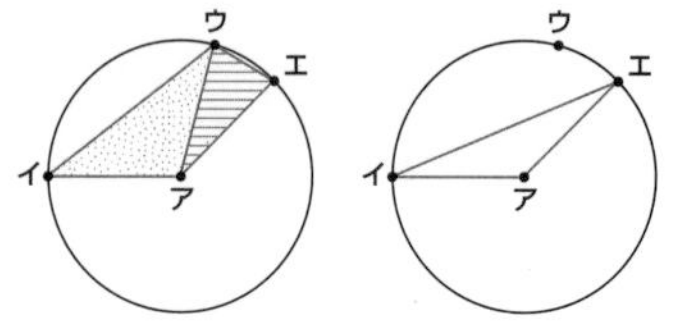

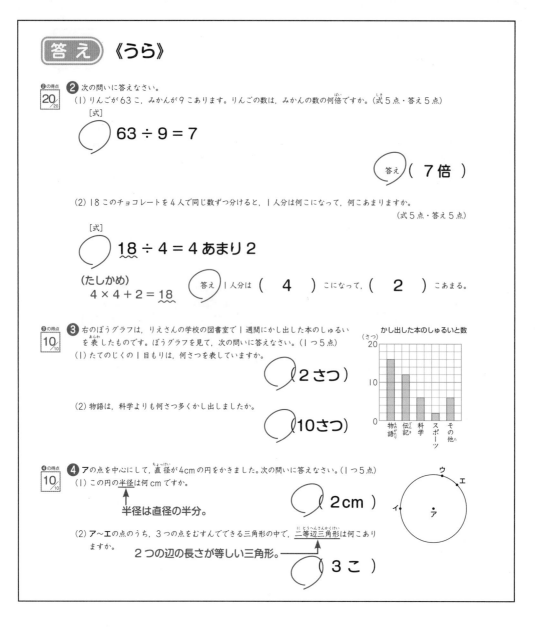

算数

答え 《表《おもて》》

得点《とくてん》 100/100点

❶の得点 60/60

❶ 次《つぎ》の問《と》いに答えなさい。

(1) 次の計算をしなさい。(1つ5点)

① $$\begin{array}{r} 539 \\ +\ 163 \\ \hline 702 \end{array}$$

② $$\begin{array}{r} 2600 \\ -\ \ 487 \\ \hline 2113 \end{array}$$

③ $$\begin{array}{r} 345 \\ \times\ \ \ 8 \\ \hline 2760 \end{array}$$ ← 一の位には0を書く。

④ $$\begin{array}{r} 62 \\ \times\ 37 \\ \hline 434 \\ 186\ \ \\ \hline 2294 \end{array}$$

⑤ $$\begin{array}{r} 7.4 \\ +\ 1.8 \\ \hline 9.2 \end{array}$$

⑥ $$\begin{array}{r} 9\ \ \ \\ -\ 5.6 \\ \hline 3.4 \end{array}$$ ← 9.0と考える。

小数点をわすれずに書く。

⑦ $\frac{3}{7}+\frac{2}{7}=\frac{5}{7}$

分母は7のまま。

⑧ $1-\frac{5}{8}=\frac{3}{8}$

(2)「四千八百万七千三十二」を数字で書きなさい。(5点)

(48007032)

あいている位には0を書く。

(3) 次の□にあてはまる数を書き入れなさい。(①~③1つ5点)

① 210秒《びょう》= 3 分 30 秒

② 5620m = 5 km 620 m

③ 3kg65g = 3065 g

1分 ＝ 60秒
1km ＝ 1000m
1kg ＝ 1000g

考え方

❶ (1) ①, ② くり上がりやくり下がりのある計算に注《ちゅう》意《い》しましょう。

③ 答えの一の位《くらい》に, 0をわすれずに書きましょう。

④ 筆算《ひっさん》では, 位をそろえて書きます。

⑤ 答えの小数点をわすれないようにしましょう。

⑥ 9を9.0と考えて計算します。

⑦ $\frac{1}{7}$が, 3 + 2 = 5 (こ) だから, $\frac{3}{7}+\frac{2}{7}=\frac{5}{7}$

⑧ $1=\frac{8}{8}$だから, $1-\frac{5}{8}=\frac{8}{8}-\frac{5}{8}=\frac{3}{8}$

(2) 万のところで区《く》切《ぎ》って考えます。

四千八百万┆七千三十二
4800┆7032

(3) ① 1分 = 60秒だから, 60秒が何こ分あるかを考えます。

② 1km = 1000mだから, 5000m = 5kmです。

③ 1kg = 1000gだから, 3kg = 3000gです。

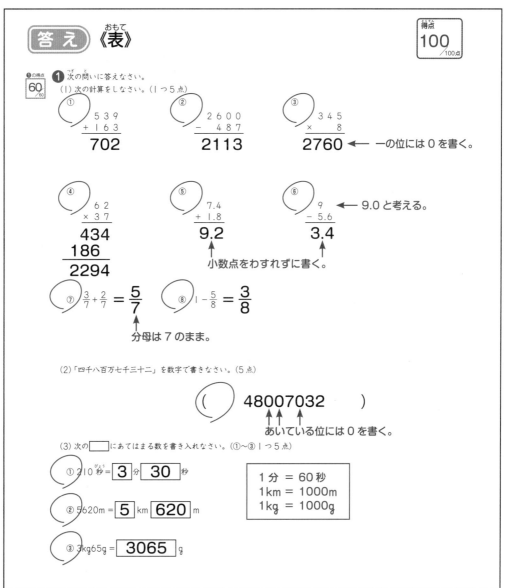

第3回 店の仕事／くらしを守る仕事

答え

❶ (1) **ア**

(2) **イ**

(3) ㋐ いろいろな品物

㋑ 1か所《しょ》で

❷ (1) 119（番）

(2) ① **イ**　② **ウ**　③ **ア**　④ **オ**

(3) ① **ウ**　② **ウ**

考え方

❶ 店のくふうについての問題《もんだい》です。

(1) **ア**　スーパーマーケットでは，品物の売れ方に合わせて仕入れているので，まちがっている文です。スーパーマーケットやコンビニエンスストアでは，コンピューターを使《つか》って売れ方を調《しら》べています。

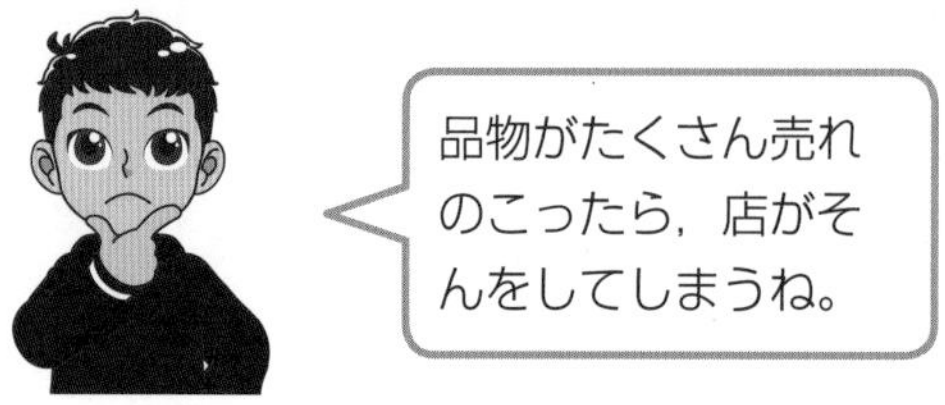
品物がたくさん売れのこったら，店がそんをしてしまうね。

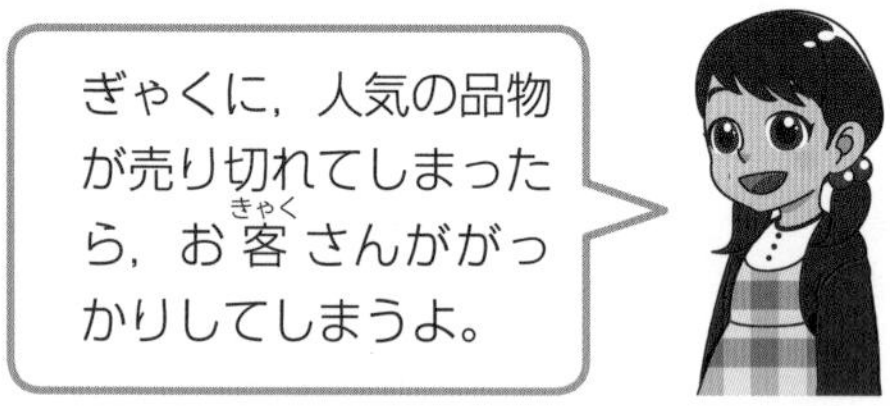
ぎゃくに，人気の品物が売り切れてしまったら，お客《きゃく》さんががっかりしてしまうよ。

イ　正しい文です。たとえば，バナナは暑《あつ》いところの植物《しょくぶつ》なので，日本ではあまり作れません。しかし，あまくておいしいバナナは人気があるので，フィリピンなどの外国から仕入れています。

ウ　正しい文です。スーパーマーケットは，安心して食べ物を買ってもらうために，食べ物の安全に気をつけています。

(2) 会話文で，キャベツやひき肉など，いろいろな品物を買おうとしているので，**イ**が正しい文です。いろいろな品物が売られていることは，スーパーマーケットのとくちょうです。

アは，会話文の内容《ないよう》に関係《かんけい》ありません。

ウは，スーパーマーケットではなく，八百《やお》屋《や》のとくちょうです。

(3) スーパーマーケットに，ほかの店も入っていると，いくつかの用事を一度《いちど》にすますことができて，お客さんにとってべんりです。銀《ぎん》行《こう》やクリーニング店などが入っていることがあります。

❷ 消防《しょうぼう》やけいさつについての問題《もんだい》です。

(1) 火事のときは119番へ電話をします。電話口では，「火事ですか，それとも救急《きゅうきゅう》ですか」ということのほか，住所《じゅうしょ》や近くにある目じるしになるものの有無《うむ》などを聞かれますので，落《お》ち着《つ》いて答えましょう。

(2) 消防しょから消防自動車《しょうぼうじどうしゃ》で現場《げんば》にかけつけた消防士《しょうぼうし》は，早く，確実《かくじつ》に，正確《せいかく》に，消火や救助《きゅうじょ》を行います。放水《ほうすい》にひつような大《たい》量《りょう》の水は，おもに消火せんから取水《しゅすい》します。救助した人の中にけが人がいるときは，救《きゅう》急車《きゅうしゃ》で病院《びょういん》に運《はこ》びます。

(3) ①　消防局《しょうぼうきょく》の通信指令室《つうしんしれいしつ》は，火事の通報《つうほう》を受《う》けると，消防しょだけではなく，さまざまなところにれんらくします。けいさつしょには交通整理《こうつうせいり》などをいらいします。**ア**は水道《すいどう》局《きょく》，**イ**はガス会社に対するれんらくの内容《ないよう》です。

②　110番通報すると，けいさつ本部《ほんぶ》の通信指令室（110番センター）につながります。通報を受けた通信指令室は，現場近くのけいさつしょや交番，パトロールカー，そして交通かんせいセンターなどにれんらくします。

社会

第2回 農家の仕事／工場の仕事

答え

❶ (1) ① **ア→イ→ウ**　② **ア**

(2) **イ**

❷ (1) ㋐ 白

㋑ わかりやすい

㋒ ぼうし

㋓ 消毒《しょうどく》

(2) ① 自動車《じどうしゃ》

② 歩き

社会

考え方

❶ やさい作りの仕事や，農家の人のくふうについての問題《もんだい》です。

(1) ①　土づくりは，トラクターなどのきかいを使って畑をたがやしたり，ひりょうをまいたりする仕事なので，なえを畑に植える前にする仕事です。

水やりは，キャベツを元気に育てることが目的《もくてき》なので，なえを畑に植えた後にする仕事です。

②　キャベツなどのやさいは，ちょうどいいときに取り入れないと，おいしくなくなったり，かれたりしてしまいます。そのため，畑全体で同時になえを植えると，畑全体でいっぺんに取り入れの仕事をすることになり，とてもたいへんです。また，キャベツを出荷することのできる期間が短《みじか》くなってしまいます。よって，**イ・ウ**は正しい文で，まちがっている文は**ア**です。

きかいは，同時にいろいろな仕事をすることには向《む》いていません。そのため，ちがう時期に植えたなえを，いっぺんにきかいを使って世話することはできません。

農家の人は，手作業で仕事をしたり，きかいを使ったりしているんだね。

(2) ビニールハウスは，ビニールをはって作った温室です。キャベツのなえなど，まだ弱い植物《しょくぶつ》を育てるときには，雨や風をふせいだり，温度を調節《ちょうせつ》したりするために，温室を使います。よって，**ア・ウ**が正しい文で，まちがっている文は**イ**です。ほかの人が育てているやさいを，勝手《かって》にさわってはいけません。

ビニールハウスの使い方はほかにもあるよ。温度を調節することで，ふつうは春に作るイチゴを，一年中作ることができるんだ。

❷ 工場のくふうについての問題《もんだい》です。

(1) ㋐・㋑ 食べ物を作る工場ではたらく人は，よごれがわかりやすいように，白い服を着ています。

㋒・㋓ 服以外《いがい》にも，せいけつにするためのくふうがあります。かみの毛が落ちるのをふせぐぼうし，口や鼻《はな》をおおうマスクもその1つです。また，工場に入る前には，服についたほこりなどを落とし，手を消毒します。

スーパーマーケットで，魚などをあつかっている人も，同じような服そうをしているよ。見てみよう！

(2) ぼうグラフを読《よ》み取《と》って答える問題です。工場に通う方法がたくさんあることもわかります。

①　いちばん多くの人が使っているのは，グラフの高さがいちばん高い自動車です。

②　グラフの左の，50の目もりから出ている線と同じ高さの歩きが答えです。

第1回 地図のきまり

答え

❶ (1) 南東

(2) あ 　い 

う 

(3) ア

(4) ウ

考え方

❶ 会話文と地図のきまりをもとに，問題《もんだい》をといていきましょう。

(1) やまだ病院はみなと野球場の右下にあります。病院の右にある方位《ほうい》の記号から，この地図では，上が北になっているとわかるので，この地図での右下は，南東です。

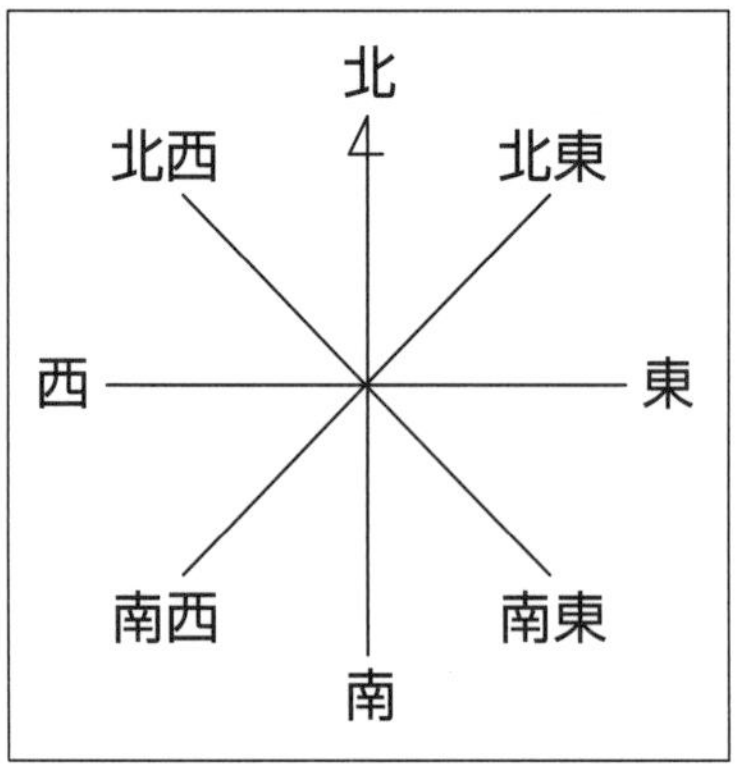
北
北西
北東
西
東
南西
南東
南
八方位《はちほうい》

八方位では，「東南」「西北」などとはいわないよ。気をつけてね！

(2) おもな地図記号について，復習《ふくしゅう》しておきましょう。あは，記号を1つ（）かいていても，2つ以上《いじょう》（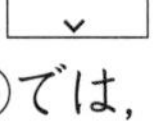など）かいていても正解《せいかい》です。い，うでは，2つ以上かいていたら不正解《ふせいかい》です。

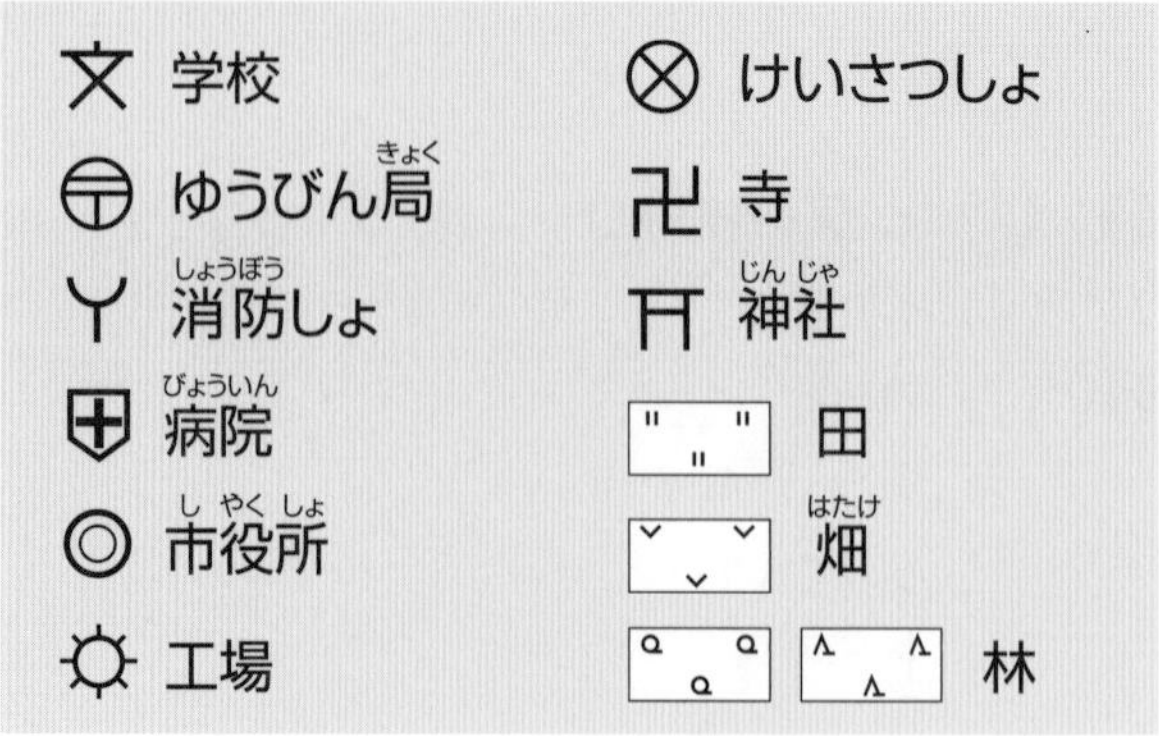
学校
けいさつしょ
ゆうびん局《きょく》
寺
消防《しょうぼう》しょ
神社《じんじゃ》
病院《びょういん》
田
市役所《しやくしょ》
畑《はたけ》
工場
林
おもな地図記号

畑の地図記号を地図にかくときは，畑が広がっているところに，見やすいかんかくで，いくつかかきます。田や林など，土地利用《とちりよう》の様子を表すほかの地図記号も同じです。

病院やゆうびん局《きょく》など，たて物を表す地図記号は，たて物1つにつき，1つの記号をかきます。

(3) ようこさんの，「やまだ駅や，やまだ病院は，みなと野球場より土地が高いんだよ」という言葉《ことば》をもとにして，とくことができます。

ア みなと野球場が，土地がひくいところに，やまだ駅・やまだ病院が，土地が高いところになっているため，正解です。

イ みなと野球場が，土地が高いところに，やまだ駅・やまだ病院が，土地が少し高いところになっています。みなと野球場の方が土地が高いため，まちがいです。

ウ みなと野球場・やまだ駅・やまだ病院の3つとも，土地が少し高いところになっているので，まちがいです。

(4) 店が多いところには，買い物をする人などがたくさん集まります。また，商店がいには，服《ふく》や本，食べ物など，いろいろな物を売る店があります。

店が多いところには，ふつう，田や畑は少ないため，**ウ**がまちがっています。

第3回 電気・じしゃくのはたらき／重さ

答え

❶ ア，ウ，カ，ク

❷ (1) イ

(2) ア…△　イ…△

ウ…○　エ…×

(3) N

(4) イ

❸ (1) エ

(2) はっぽうポリスチレン

考え方

❶「かん電池の＋《プラス》きょく→どう線→豆電球→どう線→かん電池の－《マイナス》きょく」のように，電気の通り道が１つの「わ」のようになっているときに，あかりがつきます。この電気の通り道のことを「回路《かいろ》」といいます。

豆電球は，ソケットを使わなくても，豆電球のそこの部分《ぶぶん》とまわりの金《きん》ぞくの部分に，どう線やかん電池をつないであれば，あかりをつけることができます。

また，電気を通すものであれば，電気の通り道の間にはさんでも，あかりをつけることができます。鉄，アルミニウム，銅などの金ぞくは電気を通し，プラスチック，ガラス，木，紙，ビニルなどは電気を通しません。

電気の通り道の間に１つでも電気を通さないものがあると，あかりはつかないんだね。

❷ (1) 図書カードなどのようなじきカードやうらが黒いきっぷをじしゃくに近づけると，中のじょうほうがこわれて使えなくなってしまうことがあります。

(2) 金ぞくは電気を通します。金ぞくのうち，鉄はじしゃくにつきますが，銅やアルミニウムはじしゃくにつきません。

じしゃくは，鉄との間にじしゃくにつかないものがあったり，はなれていたりしても力がはたらくんだよ。

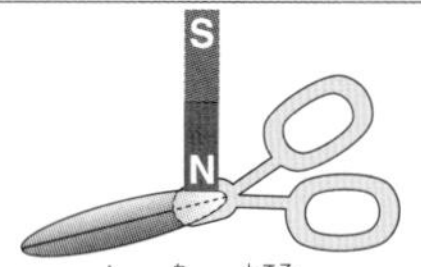

はさみの持《も》つ所《ところ》の鉄が入っている部分

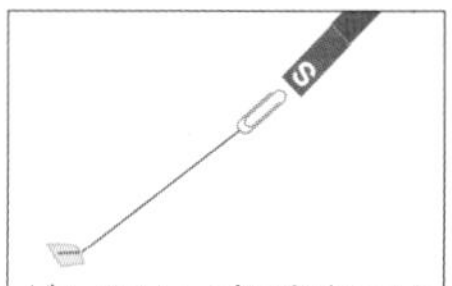

ゼムクリップに糸をつけ，糸のもう一方のはしをつくえにセロハンテープでとめたもの

(3) じしゃくは，同じきょくどうしを近づけると，しりぞけ合います。

(4) 自由に動けるようにしたじしゃくは，Nきょくが北を，Sきょくが南を向いて止まります。

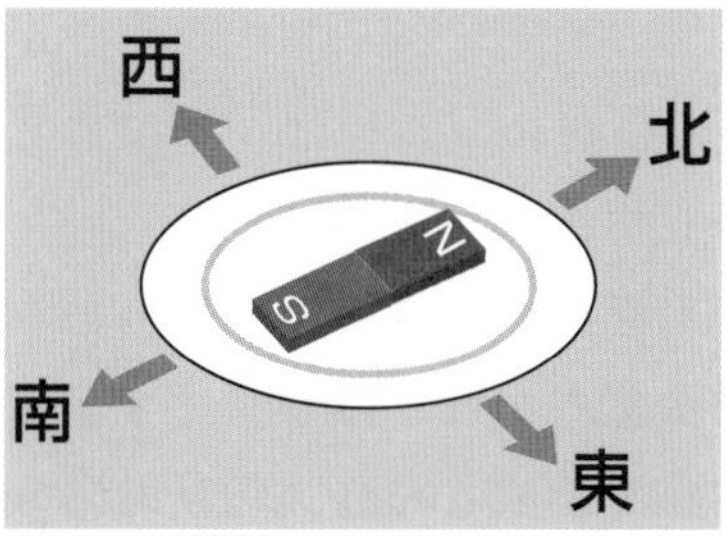

❸ (1) 同じ人が体重計に乗っているのであれば，どのようなしせいでも体重計がしめす重さは同じになります。２人で乗った場合も同じで，２人でならんで乗っても，おんぶをして乗っても，体重計がしめす重さは２人の体重の合計になります。

(2) 同じ体積でいちばん軽いものが，同じ重さでいちばん体積が大きくなります。

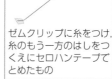

第2回　風・ゴム・太陽の光のはたらき

答え

❶ 動き始めの速さがおそい車…**ア**
遠くまで動く車…**ウ**

❷ (1) **ア**
(2) **ア**

❸ (1) 午前７時…⑤　　午後２時…②
(2) **ア**

❹ (1) **エ**
(2) **イ**

考え方

❶ 風の強さと，風で動く車の動き方の関係《かんけい》は次の表《ひょう》のようになります。

風の強さ	車の動き始めの速さ	車の動いたきょり
弱い	いちばんおそい。	いちばん短い。
ふつう	２番目に速い。	２番目に長い。
強い	いちばん速い。	いちばん長い。

❷ (1) のびたわゴムには，元にもどろうとするせいしつがあります。
(2) わゴムをたくさんのばすと，わゴムの，ものを動かす力が大きくなります。また，わゴムの本数をふやしたり，のびちぢみの手ごたえが大きいわゴムにかえたりしても，わゴムの，ものを動かす力が大きくなり，車の進むきょりは長くなります。

❸ (1)・(2) かげは太陽の反対側《はんたいがわ》にできます。太陽は，東からのぼり，南の空を通って西へしずむので，かげは西から北を通って東へと動きます。また，太陽が高い所にあるときはかげが短くなり，太陽がひくい所にあるときはかげが長くなります。

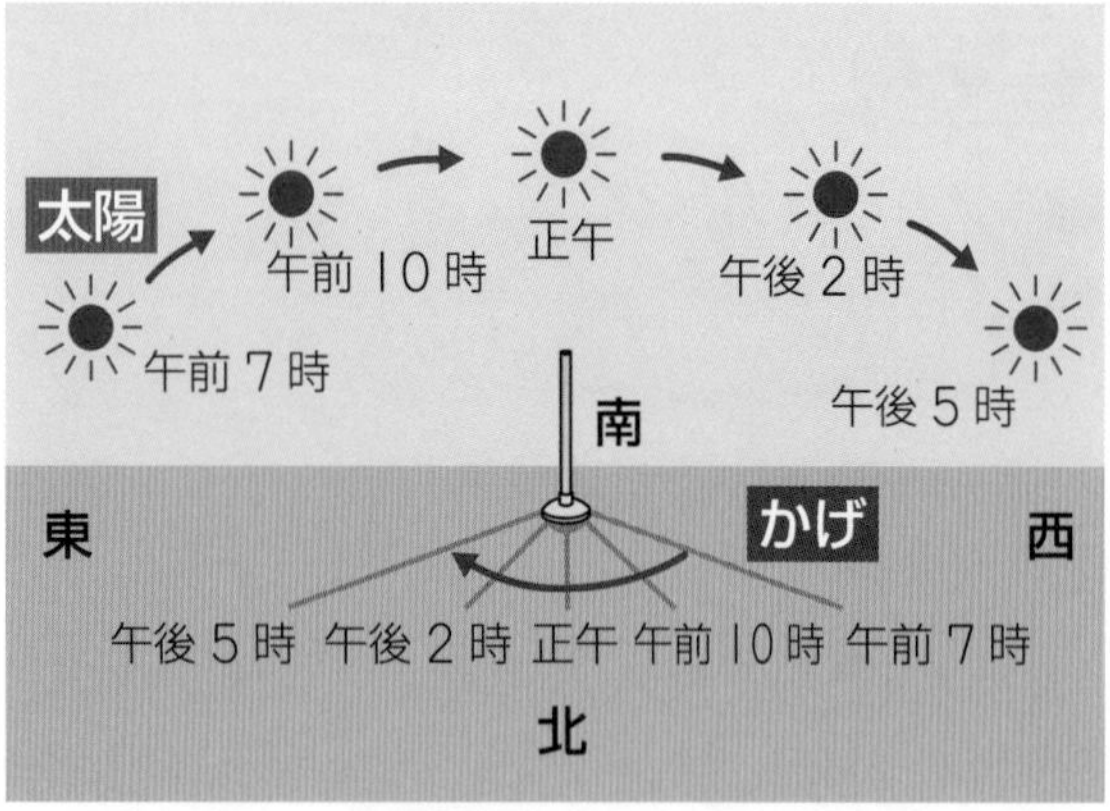

❹ (1) かがみではねかえした日光を多く重《かさ》ねるほど，明るくなります。

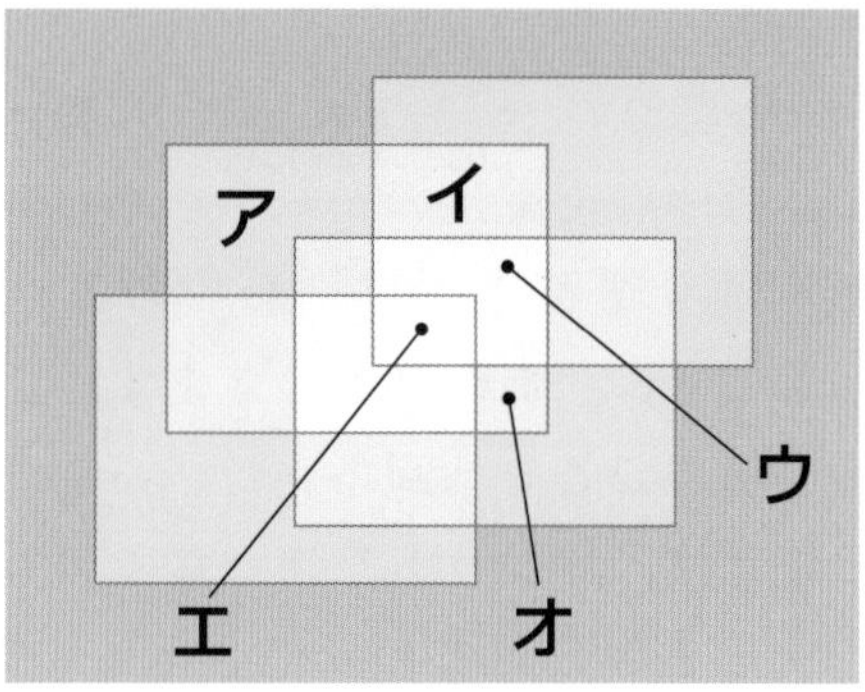

問題《もんだい》の図の**ア**〜**オ**の部分《ぶぶん》が，それぞれ何まいのかがみを使って日光をはねかえしているかを調べると，次のようになります。
ア：１まい　**イ**：２まい　**ウ**：３まい
エ：４まい　**オ**：２まい
したがって，かがみ４まい分の日光が当たっている**エ**の部分が，もっとも明るいとわかります。
また，はねかえした日光が多く重なっているところほど，温度《おんど》が高くなります。

(2) 虫めがねで日光を集める部分が小さいほど，明るく，温度が高くなります。
また，色のうすい紙よりも色のこい紙のほうがはやくこげます。白が日光をはねかえし，あたたまりにくい色なのに対して，黒は日光をはねかえしにくく，あたたまりやすい色だからです。

大きな虫めがねを使うと，日光を多く集められ，よりこがしやすくなります。

第1回

音のせいしつ／植物／こん虫

答え

❶ ア…×　イ…○　ウ…×　エ…○

❷ (1) **ウ→イ→ア**

(2) **ア…×　イ…○　ウ…○**

(3) (たね)**→イ→エ→ウ→ア**

❸ (1) **イ**

(2) **ウ**

(3) **ア・イ**

考え方

❶ **ア**　音を出しているものは，ふるえています。ふるえていないものは音を出しません。

イ　音が出ているトライアングルを手でにぎると，ふるえが止まるため，音が止まります。

ウ　糸電話では，話すほうの紙コップのふるえが，間の糸を通して聞くほうの紙コップにつたわることで，はなれていても音が聞こえるため，紙コップも糸もふるえています。

エ　糸電話を使《つか》っているときに相手に1歩近づくと，糸がたるんでふるえにくくなるため，糸電話からは相手の声がほとんど聞こえなくなります。

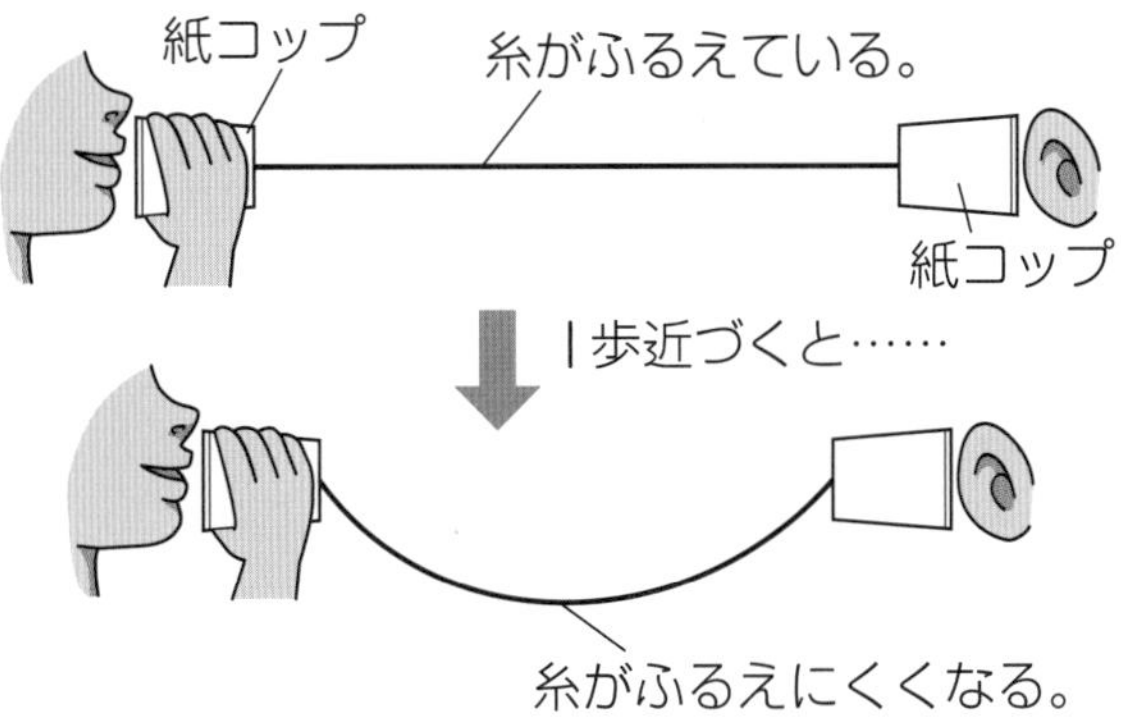
紙コップ
糸がふるえている。
紙コップ
1歩近づくと……
糸がふるえにくくなる。

❷ (1) ひりょうをよくまぜた土にたねをまきます。そのあとは，土がかわかないうちに水やりをします。

(2) 植物をほり出すときに，くきのすぐ近くをほると，根をきずつけてしまうことがあります。根をきずつけないように，土ごとほり出しましょう。

(3) ホウセンカは，たねからめを出し，根・くき・葉が成長していきます。花がさいたあとは，実ができます。実の中にはたくさんのたねが入っています。

❸ (1) たまご→よう虫→さなぎ→せい虫と育《そだ》つこん虫には，チョウ，カブトムシ，ハチ，アリなどがいます。

(2) こん虫のからだは，頭・むね・はらの3つの部分《ぶぶん》からできていて，むねに6本のあしがついています。このこうぞうをもたないものは，こん虫ではありません。

こん虫の頭にある口は食べ物を食べるときに使い，目やしょっ角《かく》は，身のまわりのようすを感《かん》じとる役目《やくめ》をするんだよ。

(3) **ア**　カブトムシのよう虫は土の中でくさった葉などを食べ，せい虫は木のしるをなめます。

イ　モンシロチョウのよう虫はキャベツやアブラナの葉などを食べ，せい虫は花のみつをすいます。

ウ　アブラゼミは，よう虫もせい虫も木のしるをすいます。

エ　ナナホシテントウは，よう虫もせい虫もアブラムシなどを食べます。

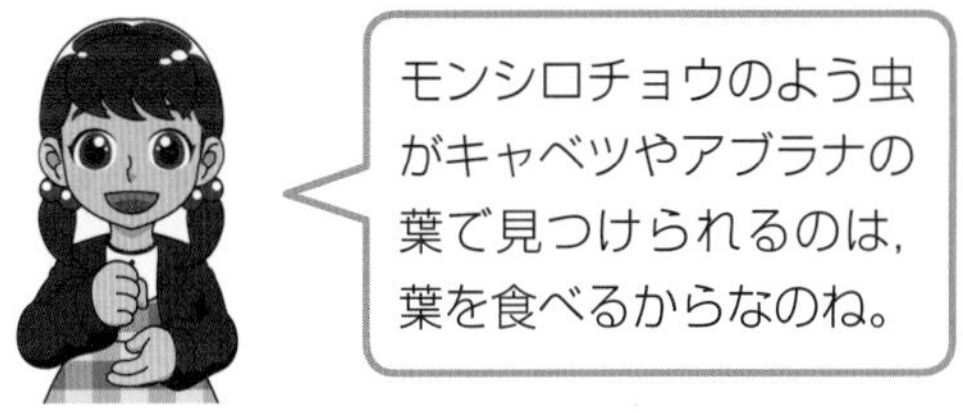
モンシロチョウのよう虫がキャベツやアブラナの葉で見つけられるのは，葉を食べるからなのね。

第1回 たし算とひき算

答え

※❶, ❷, ❹の筆算は「考え方」を見てください。

❶ (1) 499　(2) 867　(3) 7280
　(4) 302　(5) 125　(6) 722

❷ (1) 505　(2) 159　(3) 293

❸ (1) 85　(2) 21

❹ (1) 452　(2) 99　(3) 279

❺ [式] 1826 + 2195 = 4021
　[答え] 4021人

❻ [式] 600 − 408 = 192
　[答え] はるき（さんが）192（円多い。）

考え方

❶ 同じ位《くらい》どうしを計算します。たし算をして10になったら，上の位に1くり上げます。ひき算ができないときは，上の位から1くり下げます。

(1)
```
   1 5 7
 + 3 4 2
 -------
   4 9 9
```

(2)
```
     1
   6 2 8
 + 2 3 9
 -------
   8 6 7
```

(3)
```
   1   1
   2 3 1 5
 + 4 9 6 5
 ---------
   7 2 8 0
```

(4)
```
   8 1 6
 − 5 1 4
 -------
   3 0 2
```

(5)
```
     2
   7 3̸ 4
 − 6 0 9
 -------
   1 2 5
```

(6)
```
   8 1
   9̸ 2̸ 0 3
 − 8 4 8 1
 ---------
     7 2 2
```

❷ 位をそろえて書きます。

(1)
```
     1
     3 9
 + 4 6 6
 -------
   5 0 5
```

(2)
```
       9
   1 10
   2̸ 0̸ 0
 −   4 1
 -------
   1 5 9
```

(3)
```
       9
   2 10
   3̸ 0̸ 0
 −     7
 -------
   2 9 3
```

❸ 数を分けて考えます。

(1) 58を，3と55に分けてたします。
　27 + 58 = 27 + 3 + 55 = 30 + 55
　= 85

(2) 29を，20と9に分けてひきます。
　50 − 29 = 50 − 20 − 9 = 30 − 9
　= 21

❹ 筆算にどのようなまちがいがあるのかを考えながら，正しい筆算を書きましょう。

(1) 位がそろっていないので，位をたてにそろえてから計算します。
```
   4 2 1
 +   3 1
 -------
   4 5 2
```

(2) 一の位に1くり下げたので，十の位の計算は，百の位から1くり下げて，12 − 3 = 9となります。
```
   4 2
   5̸ 3̸ 8
 − 4 3 9
 -------
     9 9
```

(3) 百の位から十の位に1くりさげ，十の位から一の位に1くり下げます。十の位の計算は，9 − 2 = 7となります。
```
     9
   5 10
   6̸ 0̸ 7
 − 3 2 8
 -------
   2 7 9
```

❺ 昨日の入場者数＋今日の入場者数
　　＝合わせた入場者数
でもとめられるから，
　1826 + 2195 = 4021（人）

❻ 2人がそれぞれ出したお金は同じなので，のこりのお金のちがいは，はじめのお金のちがいと同じです。だから，
　はるきさんのはじめのお金−
　　ともみさんのはじめのお金
　　＝のこりのお金のちがい
でもとめられます。のこりのお金は，はるきさんが，
　600 − 408 = 192（円）
多いです。

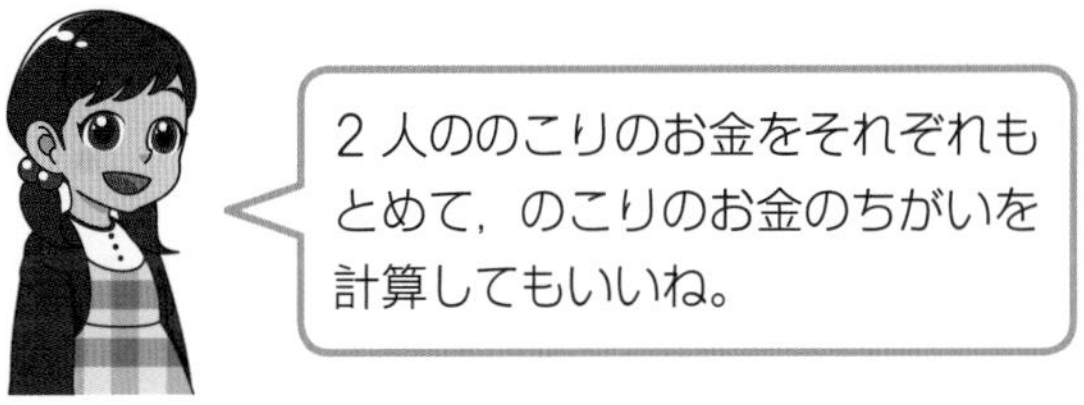
2人ののこりのお金をそれぞれもとめて，のこりのお金のちがいを計算してもいいね。

第2回 大きい数

答え

❶ (1) 二千七百九十一万六千五百四十三
　(2) 八百二万四千五百一

❷ (1) 69342015　(2) 387200
　(3) 490000　(4) 35401000

❸ ㋐ 8000　㋑ 43000

❹ (1) 150　(2) 7000
　(3) 42　(4) 830
　(5) 999999　(6) 100000

❺ (1) <　(2) >

❻ いちばん大きい数…9741000
　いちばん小さい数…1000479

考え方

❶ 大きい数を読むときには，一の位《くらい》から4つ目と5つ目の間で区切《くぎ》ると，わかりやすくなります。0のある位は読まないことに気をつけましょう。

(1) 2791¦6543
　　　万¦

(2) 802¦4501
　　　万¦

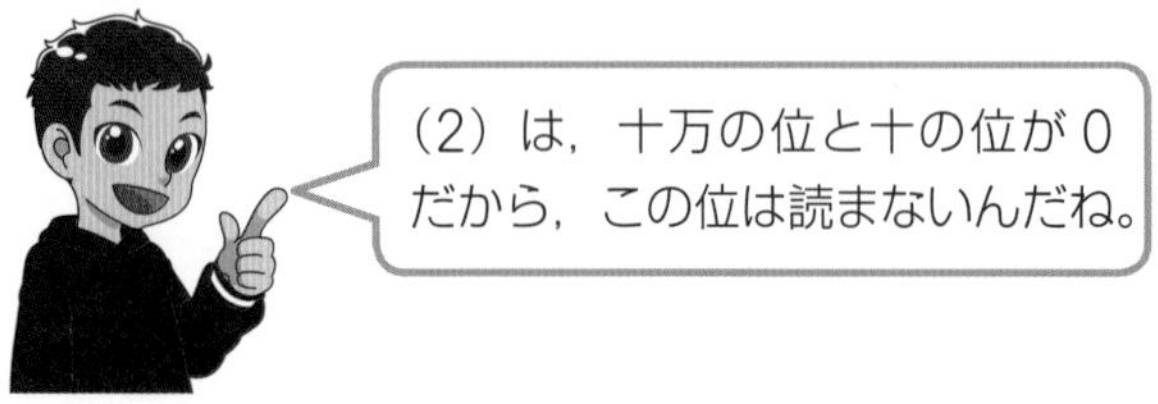
(2) は，十万の位と十の位が0だから，この位は読まないんだね。

❷ 万のところで区切って考えます。あいている位には0を書きます。

(1) 六千九百三十四万¦二千十五
　　　　6934¦2015

(2) 三十八万¦七千二百
　　　38¦7200

(3) 10000を49こ→490000

(4) 1000万を3こ，100万を5こ，
　　3000万　　　500万
10万を4こ，1000を1こ
　40万　　　1000
合わせると，3540万1000→35401000

❸ この数直線では10000を10こに等分しているので，1目もりの大きさは，1000です。
㋐ 0から8つ目の目もりだから，8000
㋑ 40000から3つ目の目もりだから，43000

❹ (1)～(4) 数を10倍すると，位が1つずつ上がり，100倍すると，位が2つずつ上がります。一の位が0の数を10でわると，位が1つずつ下がります。

(5) 100より1小さい数が99，1000より1小さい数が999であるのと同じように考えて，1000000より1小さい数は，999999です。

(6) 98より2大きい数が100，998より2大きい数が1000であるのと同じように考えて，99998より2大きい数は，100000です。

❺ まず，けた数をかくにんしましょう。

(1) けた数はどちらも6けたなので，上の位からじゅんに数字の大きさをくらべます。

(2) けた数がちがうので，けた数が多いほうが大きい数です。

❻ 7けたの数をつくることに注意《ちゅうい》しましょう。

上の位の数字が大きいほうが大きい数になるので，数字を大きいじゅんにならべて，いちばん大きい数をつくります。

0ではじまる数はないので，0の次に小さい1をいちばん上の位におきます。あとは，のこりの数字を小さいじゅんにならべて，いちばん小さい数をつくります。

第3回 □を使った式／時こくと時間

答え

❶ (1) 22　(2) 70　(3) 8　(4) 10

❷ (1) 73 +□= 121

　(2) [式] 121 − 73 = 48

　　[答え] 48 ページ

❸ 午前 10 時 35 分

❹ まさる（さんが）13（秒はやい。）

❺ (1) 午後 5 時 21 分

　(2) 15 時 30 分

考え方

❶ たし算とひき算の関係《かんけい》，かけ算とわり算の関係を思い出しましょう。

(1) □に 37 をたすと 59 になるので，□は，59 から 37 をひいた数です。

59 − 37 = 22

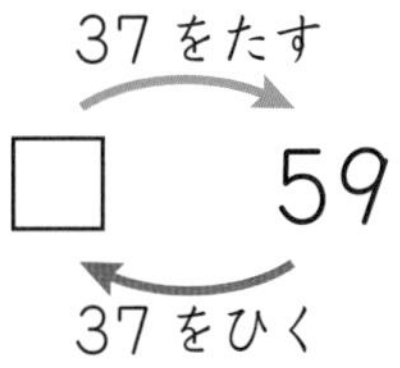

(2) □から 29 をひくと 41 になるので，□は，41 に 29 をたした数です。

41 + 29 = 70

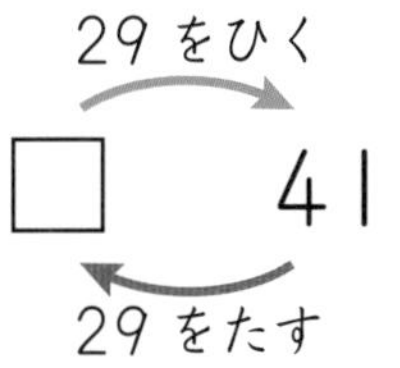

(3) 7 に□をかけると 56 になるので，□は，56 を 7 でわった数です。

56 ÷ 7 = 8

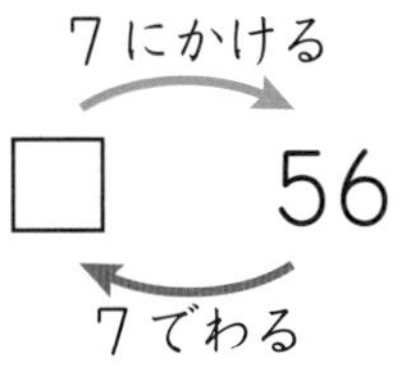

(4) □を 2 でわると 5 になるので，□は，5 に 2 をかけた数です。

5 × 2 = 10

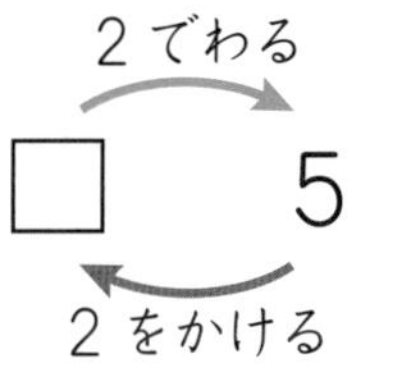

❷ 図をかくとわかりやすくなります。

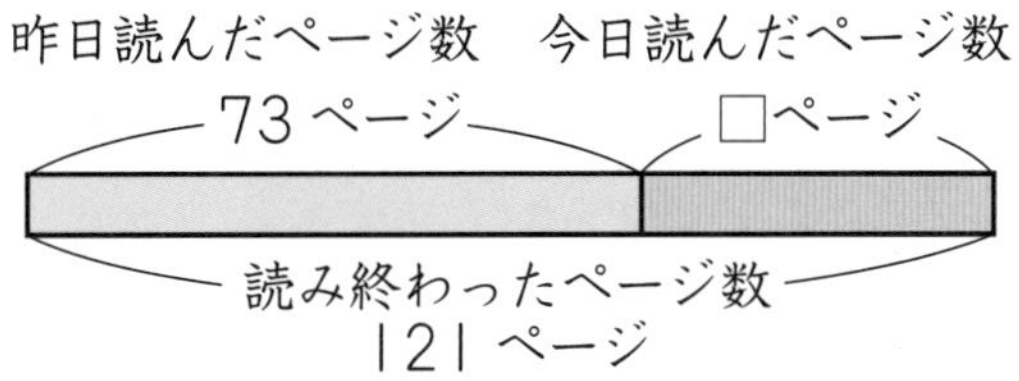

(1) 昨日読んだページ数＋今日読んだページ数＝読み終わったページ数

だから，今日読んだページ数を□ページとして，たし算の式で表すと，73 +□= 121

(2) 73 に□をたすと 121 になるので，□は，121 から 73 をひいた数です。だから，□にあてはまる数は，121 − 73 = 48

したがって，今日読んだページ数は，48 ページです。

❸ 午前 8 時 50 分から午前 9 時までが 10 分。午前 9 時から午前 10 時までが 1 時間。

45 − 10 = 35 だから，もとめる時こくは，午前 10 時から 35 分後の午前 10 時 35 分です。

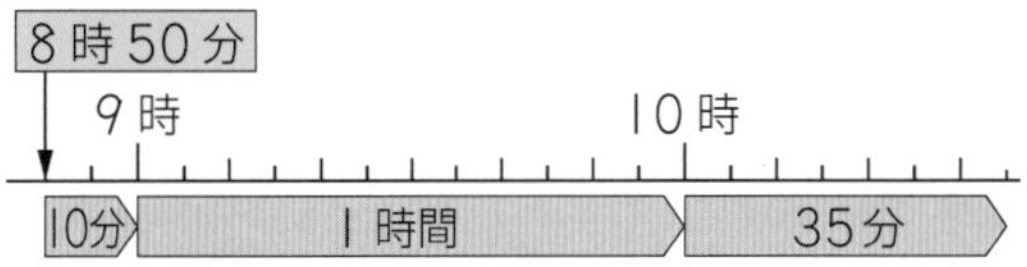

❹ たんいを「秒」にそろえてくらべます。

かおりさんが 100m を歩くのにかかった時間の 1 分 27 秒は，87 秒です。

まさるさんが 100m を歩くのにかかった時間は 74 秒だから，時間のちがいは，

87 − 74 = 13（秒）

だから，まさるさんが 13 秒はやいです。

❺ 正午（12 時）から何時間何分後の時こくかを考えます。

(1) 17 − 12 = 5 だから，17 時は午後 5 時で，17 時 21 分は午後 5 時 21 分。

(2) 12 + 3 = 15 だから，午後 3 時は 15 時で，午後 3 時 30 分は 15 時 30 分。

第4回 かけ算

答え

※❸，❹の筆算は「考え方」を見てください。

❶ (1) 3　(2) 6　(3) 7　(4) 6
❷ (1) 0　(2) 0　(3) 100　(4) 2400
❸ (1) 72　(2) 600　(3) 4626
❹ (1) 455　(2) 2184　(3) 25704
❺ (1) 930　(2) 1700
❻ [式] 8 × 160 = 1280　20m = 2000cm
2000 − 1280 = 720
[答え] 720cm

考え方

❶ かけ算のきまりをかくにんしましょう。

(1) かける数が 4 から 5 へ 1 ふえているので，かけられる数の 3 をひきます。

(2) かけられる数とかける数を入れかえても，答えは同じです。

(3) かけ算では，計算するじゅんじょをかえても，答えは同じです。

(4) かける数を分けて計算しても，答えは同じです。

6 × (2 + 5) = (6 × 2) + (6 × 5)

❷ かける数やかけられる数が 0 のかけ算は，答えが 0 になります。何十や何百のかけ算は，10 や 100 のたばで考えます。

(3) 20 × 5 は，10 のたばが (2 × 5) こです。だから，10 が 10 こで 100 です。

20 × 5 = 100

(4) 400 × 6 は，100 のたばが (4 × 6) こです。だから，100 が 24 こで 2400 です。

400 × 6 = 2400

❸ 位《くらい》をそろえて書くことに注意《ちゅうい》しましょう。

(1)
```
  3 6
×   2
─────
  7 2
```
(2)
```
  7 5
×   8
─────
6 0 0
```
(3)
```
  5 1 4
×     9
───────
4 6 2 6
```

❹ 0 をふくむ数のかけ算に気をつけましょう。

(1)
```
    1 3
  × 3 5
───────
    6 5
  3 9
───────
  4 5 5
```
(2)
```
    9 1
  × 2 4
───────
  3 6 4
1 8 2
───────
2 1 8 4
```
(3)
```
      4 0 8
  ×     6 3
───────────
    1 2 2 4
  2 4 4 8
───────────
  2 5 7 0 4
```

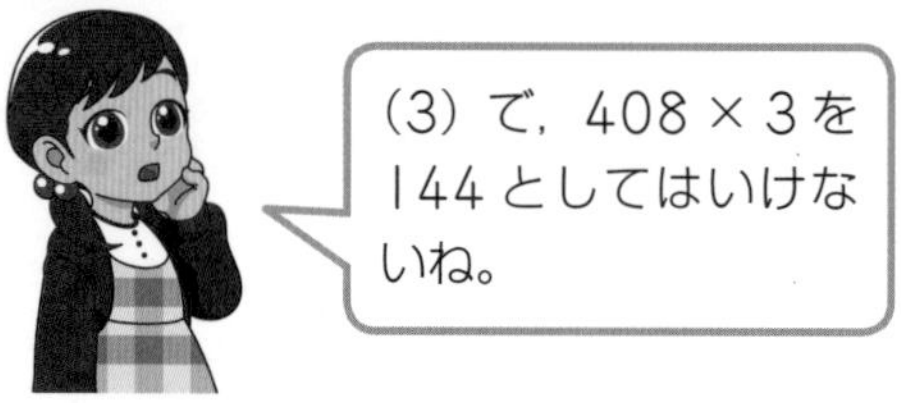
(3) で，408 × 3 を 144 としてはいけないね。

❺ かけ算では，計算するじゅんじょをかえても，答えは同じです。

(1) 2×93×5=2×5×93=10×93=930
入れかえる

(2) 4×17×25=4×25×17=100×17=1700
入れかえる

❻ 紙テープの長さ×作るまい数
=使う紙テープの長さ

だから，使う紙テープの長さは，

8 × 160 = 1280 (cm)

はじめにあった紙テープの長さを cm で表《あらわ》すと，1 m = 100cm だから，

20m = 2000cm

したがって，のこりの長さは，

2000 − 1280 = 720 (cm)

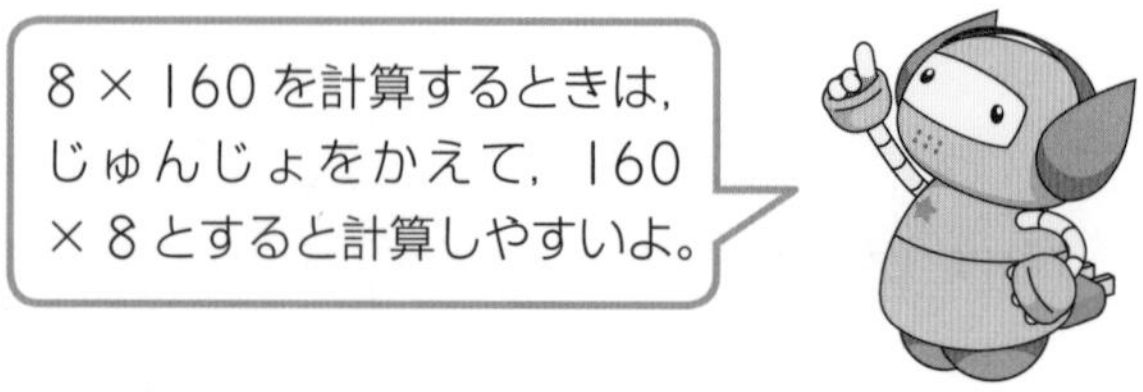
8 × 160 を計算するときは，じゅんじょをかえて，160 × 8 とすると計算しやすいよ。

第5回 円と球

答え

❶ (1) ※実際《じっさい》の図よりも小さくなっています。
※うつしとった長さは，それぞれ下のようになっています。

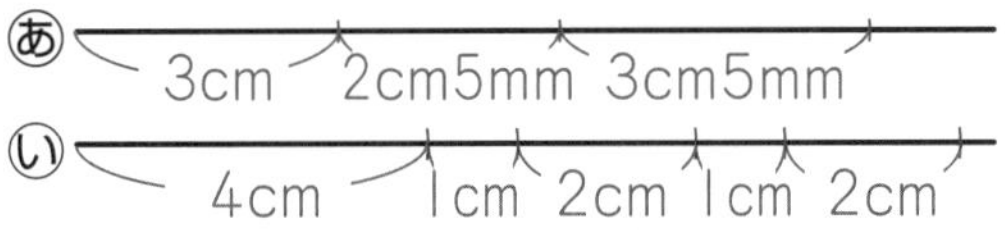

(2) い（のほうが長い。）

❷ 「考え方」を見てください。

❸ (1) 8cm　(2) 4cm

❹ 6cm

考え方

❶ おれ曲がった線の長さは，直線の上にうつしとると，はかることができます。

(1) 下の図の**アイ**，**イウ**，**ウエ**の長さをうつしとります。

① **アイ**の長さにコンパスを開《ひら》く。

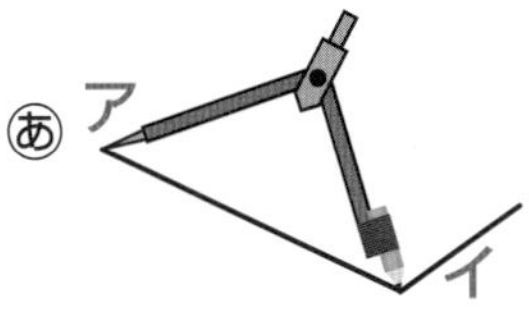

② 下の直線の左のはしにコンパスのはりをさして，しるしをつける。

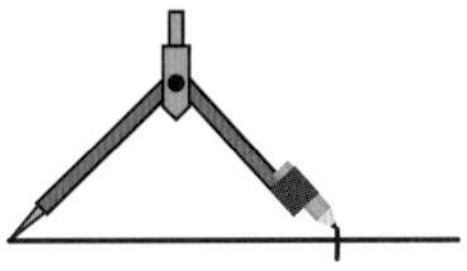

③～⑥ ①と②のことをじゅんにくり返《かえ》す。

(2) うつしとった長さで，あといをくらべると，いのほうが長いことがわかります。

❷ 半径の長さがちがう円の一部《いちぶ》を組み合わせて，図をかきます。

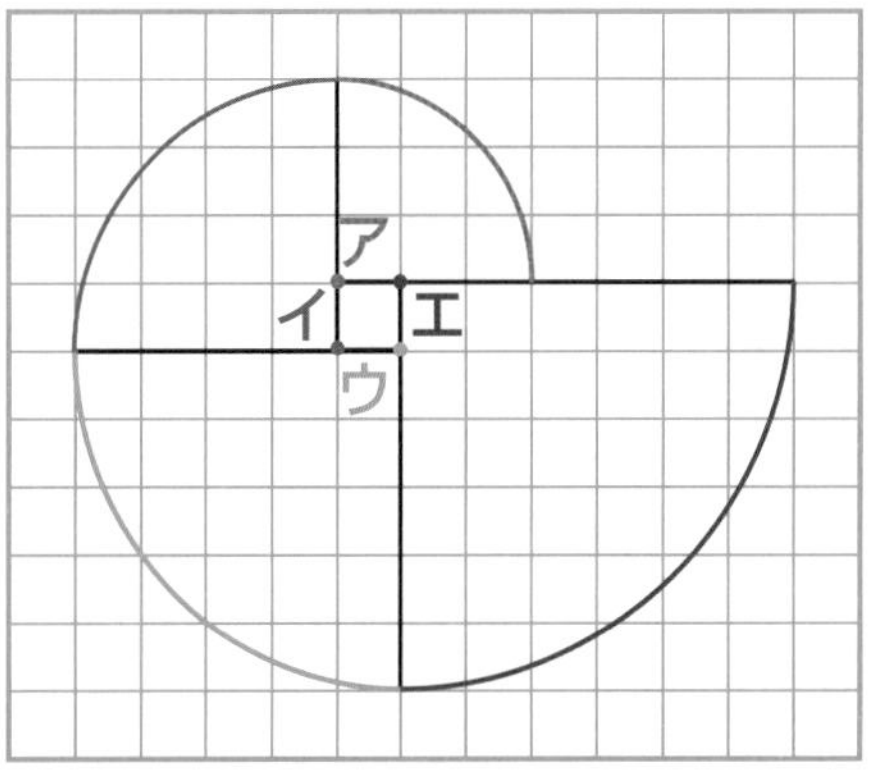

上の図の**ア**の点を中心に，半径の長さが3ます分の円の一部をかきます。

次に，**イ**の点を中心に半径の長さが4ます分の円の一部をかきます。

同じようにして，**ウ**の点を中心に半径の長さが5ます分の円の一部をかき，**エ**の点を中心に半径の長さが6ます分の円の一部をかきます。直線はじょうぎでかきましょう。

❸ 半径は直径の半分です。

(1) 箱と箱の間の長さが，このボールの直径の長さを表《あらわ》しています。だから，このボールの直径は8cmです。

(2) 8cmの半分だから，半径は4cmです。

❹ 正方形の1つの辺の長さは，円の直径と同じです。

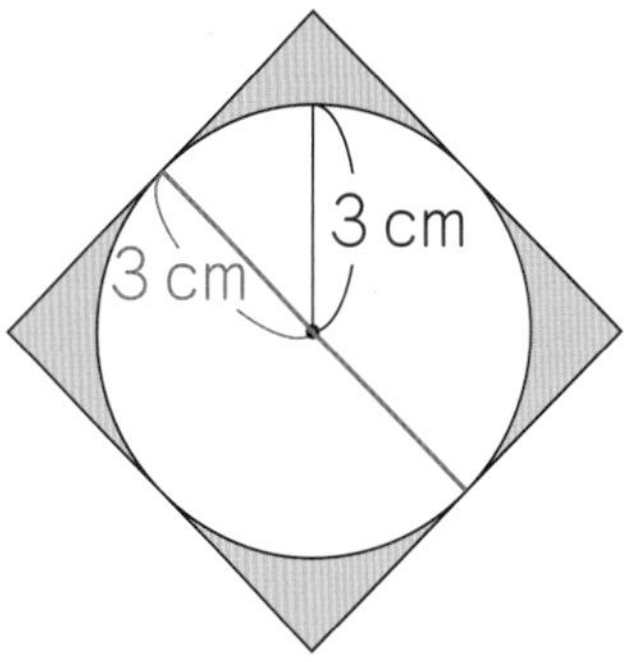

円の直径は半径の2倍《ばい》なので，正方形の1つの辺の長さは，3×2＝6（cm）

第6回 わり算

答え

❶ (1) 5（のだん），5　(2) 3（のだん），7
(3) 8（のだん），8　(4) 9（のだん），4
(5) 4（のだん），6　(6) 6（のだん），7

❷ (1) 1　(2) 0　(3) 1
(4) 6　(5) 3　(6) 20
(7) 200　(8) 41

❸ (1)［式］$24 \div 8 = 3$　［答え］3人
(2)［式］$24 \div 4 = 6$　［答え］6つ

❹［式］$180 \div 2 = 90$　［答え］90倍

考え方

❶ わり算の答えは，わる数のだんの九九を使って，見つけることができます。

(1) わる数が5だから，5のだんの九九を使います。「五五25」で，答えは5です。

(2) わる数が3だから，3のだんの九九を使います。「三七21」で，答えは7です。

(3) わる数が8だから，8のだんの九九を使います。「八八64」で，答えは8です。

(4) わる数が9だから，9のだんの九九を使います。「九四36」で，答えは4です。

(5) わる数が4だから，4のだんの九九を使います。「四六24」で，答えは6です。

(6) わる数が6だから，6のだんの九九を使います。「六七42」で，答えは7です。

❷ 何十や何百をわるわり算は，10や100のたばで考えます。

(1) わられる数とわる数が0でない同じ数のとき，答えは1になります。

(2) 0を，0でないどんな数でわっても，答えはいつも0になります。

(3)～(5) どんな数を1でわっても，答えはわられる数と同じになります。

(6) 80は，10のたばが8こあるので，
$8 \div 4 = 2$
10のたばが2こだから，20です。

(7) 600は，100のたばが6こあるので，
$6 \div 3 = 2$
100のたばが2こだから，200です。

(8) 82を80と2に分けて考えます。
$80 \div 2 = 40$
$2 \div 2 = 1$
合わせて　41　　$82 \div 2 = 41$

❸ それぞれの問題のようすを思いうかべながら，ときましょう。

(1) 1つのはんの人数は，全部《ぜんぶ》の人数÷はんの数でもとめられます。だから，1つのはんの人数は，$24 \div 8 = 3$（人）

(2) はんの数は，全部の人数÷1つのはんの人数でもとめられます。だから，はんの数は，
$24 \div 4 = 6$（つ）

❹ おふろの水のかさが，ペットボトルの水のかさの□倍だとすると，$2 \times □ = 180$
□をもとめる式は，わり算を使って，
$180 \div 2$
と書けます。
180は10のたばが18こあるので，
$18 \div 2 = 9$
10のたばが9こだから，90です。
$180 \div 2 = 90$
□にあてはまる数は90だから，90倍です。

第7回 あまりのあるわり算

答え

❶ (1) 3あまり3　(たしかめ)4×3+3=15
(2) 5あまり1　(たしかめ)6×5+1=31
(3) 4あまり4　(たしかめ)7×4+4=32
(4) 7あまり2　(たしかめ)3×7+2=23
(5) 5あまり8　(たしかめ)9×5+8=53
(6) 5あまり7　(たしかめ)8×5+7=47

❷ (1) 7あまり1
(2) 8あまり4

❸ [式] 26÷4=6あまり2
[答え] (1人分は) 6 (こになって,)
2 (こあまる。)

❹ [式] 78÷9=8あまり6
[答え] 8 (本できて,) 6 (cmあまる。)

❺ [式] 40÷6=6あまり4　6+1=7
[答え] 7こ

考え方

❶ あまりのあるわり算の答えを見つけるときは,わる数のだんの九九を使《つか》います。

(1)「四三12」 3あまる。
15÷4=3あまり3
たしかめ　4×3+3=15
わられる数と同じになる。

(2)「六五30」 1あまる。
31÷6=5あまり1
たしかめ　6×5+1=31

(3)「七四28」 4あまる。
32÷7=4あまり4
たしかめ　7×4+4=32

(4)「三七21」 2あまる。
23÷3=7あまり2
たしかめ　3×7+2=23

(5)「九五45」 8あまる。
53÷9=5あまり8
たしかめ　9×5+8=53

(6)「八五40」 7あまる。
47÷8=5あまり7
たしかめ　8×5+7=47

❷ わり算のあまりは,いつもわる数より小さくなるようにします。
(1) あまりの8がわる数の7より大きくなっているので正しくありません。

(2)「五九45」だと44をこえてしまうので正しくありません。

❸ 1人分のクッキーの数は,全部のクッキーの数÷人数でもとめられるから,
26÷4=6あまり2
だから,1人分は6こになって,2こあまります。

❹ リボンのできる本数は,はじめのリボンの長さ÷1本のリボンの長さでもとめられるから,
78÷9=8あまり6
だから,8本できて,6cmあまります。

❺ 40を6ずつ分けるので,
40÷6=6あまり4
だから,まんじゅうが6こ入った箱が6こできて,まんじゅうが4こあまります。あまりのまんじゅうを入れるために,箱がもう1こいるから,箱の数は全部で,
6+1=7(こ)

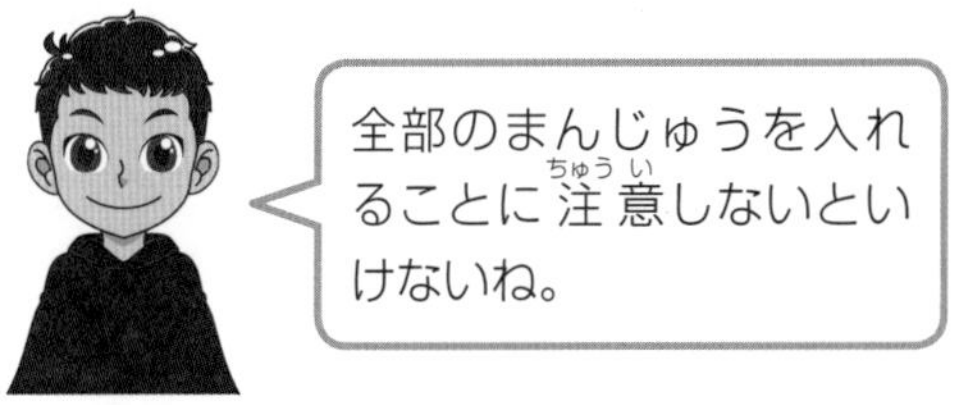
全部のまんじゅうを入れることに注《ちゅう》意《い》しないといけないね。

算数

第8回 表とグラフ

答え

❶ (1) ①8　②6　③4　④5　⑤30
　(2) 30人　　(3) もも

❷ (1) （あ）2　（い）0　（う）1　（え）2　（お）25
　(2) 4年生　　(3) すりきず

❸

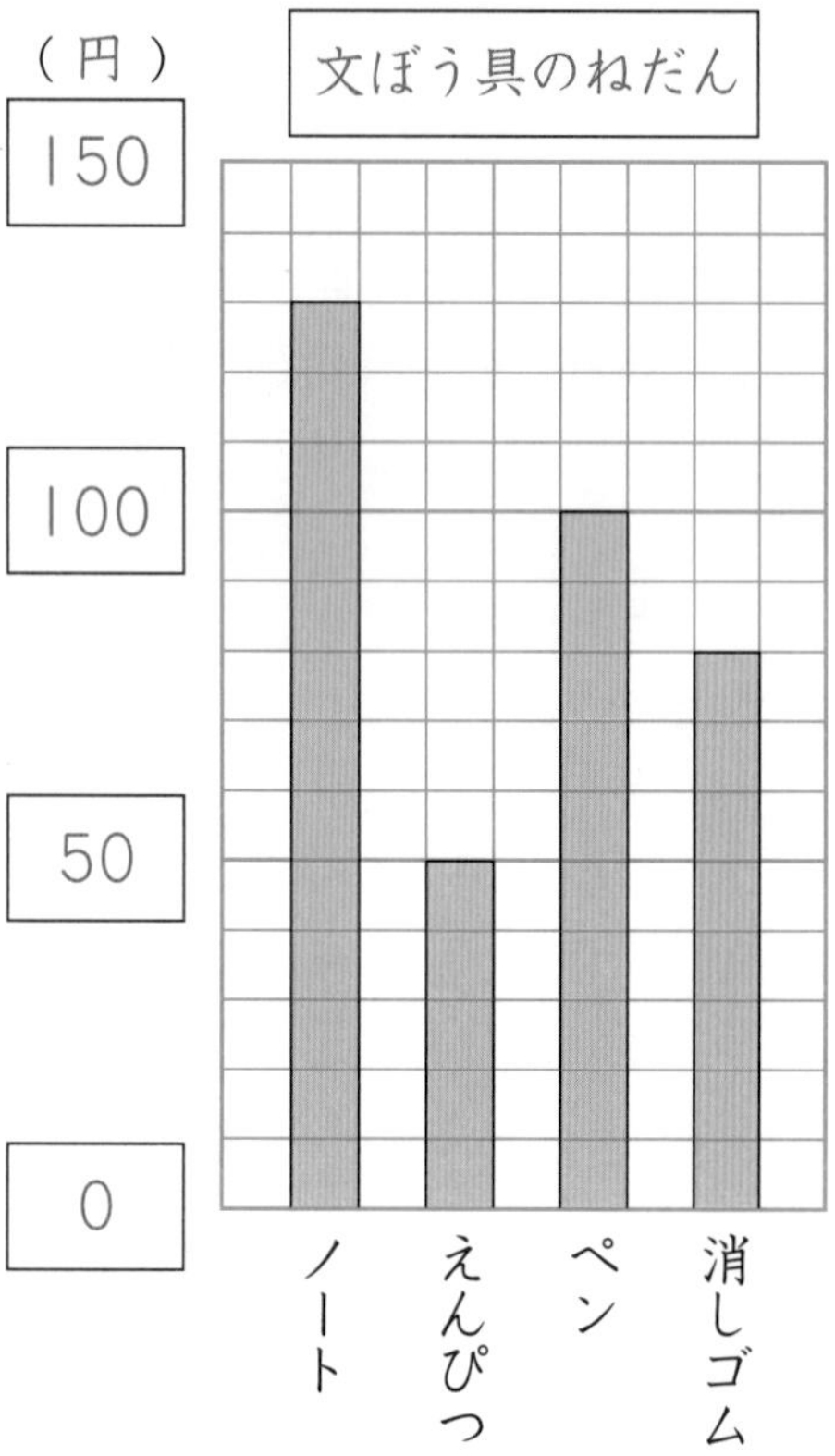

（円）
文ぼう具のねだん
150
100
50
0
ノート
えんぴつ
ペン
消しゴム

❹ (1) 50こ　　(2) 250こ
　(3) 12月　　(4) 150こ

考え方

❶ 「正」が5を表します。「一」が1,「T」が2,「下」が3,「𤴓」が4です。

(1) 問題《もんだい》の**表1**にあって**表2**に書かれていないくだものが,「その他」としてまとめられています。だから,「その他」の人数は，すいか，ぶどう，メロンの数を合わせて,

　$2+1+2=5$（人）

合計の人数は, $7+8+6+4+5=30$(人)

(2) 組の人数は,「合計」を見ればわかります。

(3) **表2**で，人数が3番目に多いくだものは，ももです。

❷ 表をたてや横に見ていきます。

(1)「5年生」をたてに見ると,
　（あ）は，$6-3-1=2$
　「4年生」をたてに見ると,
　（う）は，$8-3-2-2=1$
　「だぼく」を横に見ると,
　（い）は，$6-1-2-1$（（う））$-1-1=0$
　「2年生」をたてに見ると,
　（え）は，$2+0+0$（（い））$+0=2$
　全部の合計は,
　　$3+2+4+8+6+2=25$
　　($10+6+6+3=25$)

(2) いちばん下の合計のらんを横に見ていくと,「4年生」だとわかります。

(3) いちばん右の合計のらんをたてに見ていくと,「すりきず」だとわかります。

❸ いちばん多い数が130で，グラフのたてのじくが15目もりあるので，1目もりは10にします。

　目もりが表す数0，50，100，150を書き，たんいは「円」を書きます。数に合わせて，ぼうをかき，表題を書きます。

❹ 0から100までを2等分《とうぶん》しているから，1目もりは50こを表しています。

(2) ぼうが表しているこ数は，200こより50こ分長いので250こです。

(3) いちばんぼうが長いのは，12月です。

(4) 2月は250こ，3月は400こだから，ちがいは，$400-250=150$（こ）

算数

第9回 長さ／重さ

答え

❶ あ 4m55cm　い 5m43cm

❷ (1) 9　(2) 650
(3) 3000　(4) 1，740

❸ (1) 940m
(2) [式] 630 + 450 = 1080
1080m = 1km80m
[答え] 1km80m

❹ (1) 1kg750g　(2) 1kg460g

❺ (1) 3350　(2) 5，600
(3) 4，90　(4) 2000

❻ [式] 340 − 200 = 140
[答え] 140g

考え方

❶ 10cm を 10 等分《とうぶん》しているので，1 目もりは 1cm を表しています。
あ 5m より短《みじか》く，55 のところをさしているので，4m55cm です。

い 5m40cm より 3cm 長いので，5m43cm です。

❷ 長さのたんいには，mm，cm，m，km があります。
(1) 10mm = 1cm だから，90mm = 9cm です。

(2) 1m = 100cm だから，6m = 600cm です。だから，6m50cm = 650cm です。

(3) 1km = 1000m だから，3km = 3000m です。

(4) 1740m を 1000m と 740m に分けて考えます。1000m = 1km だから，1740m = 1km740m です。

❸ 2 つの場所《ばしょ》の間をまっすぐにはかった長さがきょりで，道にそってはかった長さが道のりです。
(1) さとしさんの家から学校までの間をまっすぐにはかった長さは 940m です。

(2) さとしさんの家から学校までの道のりは，
630 + 450 = 1080 (m)
1080m = 1km80m

❹ まず，いちばん小さい目もりが，どのくらいを表しているのかを，かくにんします。
(1) いちばん小さい目もりは 50g です。はりは 1kg をこえて，いちばん小さい目もり 15 こ分 (750g) のところをさしているから，1kg750g です。

(2) いちばん小さい目もりは 20g です。はりは 1400g をこえて，いちばん小さい目もり 3 こ分 (60g) のところをさしているから，1460g です。1460g = 1kg460g

❺ 1kg = 1000g，1t = 1000kg です。
(1) 3kg = 3000g だから，
3kg350g = 3350g

(2) 5000g = 5kg だから，
5600g = 5kg600g

(3) 4000g = 4kg だから，
4090g = 4kg90g

(4) 1000kg の 2 つ分だから，2t = 2000kg

❻ はかりのさしている重さを読むと，バナナとオレンジを合わせた重さは 340g，オレンジの重さは 200g です。
バナナとオレンジを合わせた重さ − オレンジの重さ = バナナの重さ
だから，バナナの重さは，
340 − 200 = 140 (g)

第10回 小数

答え

※❺の筆算は「考え方」を見てください。

❶ ㋐ 0.7　㋑ 2.4

❷ (1) 3, 7　(2) 2.6　(3) 45.9

❸ (1) 6.2　(2) 5, 4
(3) 8.5　(4) 19, 6

❹ (1) >　(2) <

❺ (1) 5.8　(2) 8.5　(3) 12.2
(4) 22　(5) 3.1　(6) 0.9
(7) 3　(8) 1.5

❻ $\frac{5}{10} \to 0.6 \to \frac{9}{10} \to 1$

考え方

❶ 1目もりは0.1を表しています。

㋐ 0から7つ目の目もりなので，0.7を表しています。

㋑ 2から4つ目の目もりなので，2.4を表しています。

❷ 1を10等分したうちの1つ分が0.1です。

(1) 3.7は3と0.7を合わせた数なので，1を3こと0.1を7こ合わせた数です。

(2) 0.1が10こで1だから，0.1が20こで2です。0.1が6こで0.6だから，合わせると2.6です。

(3) 10が4こで40，1が5こで5，0.1が9こで0.9だから，合わせると45.9です。

❸ 1dL = 0.1L，1mm = 0.1cmです。

(1) 2dL = 0.2Lなので，6L2dL = 6.2L

(2) 0.4L = 4dLなので，5.4L = 5L4dL

(3) 5mm = 0.5cmなので，
8cm5mm = 8.5cm

(4) 0.6cm = 6mmなので，
19.6cm = 19cm6mm

❹ 数の大小は，数直線に表すとよくわかります。右へいくほど，数は大きくなります。

(1)

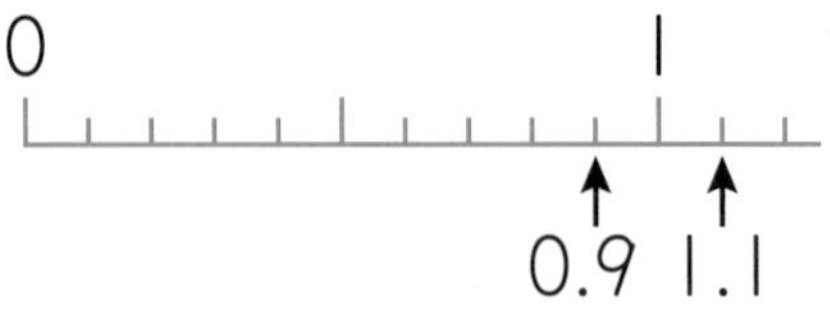

(2)

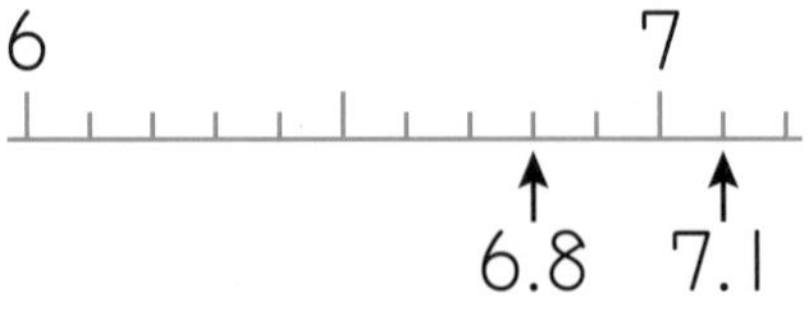

【べつのとき方】

0.1のいくつ分かを考えて，大きさをくらべることもできます。

❺ 小数点がたてにならぶように書き，小数《しょうすう》第一位《だいいちい》からじゅんに計算していきます。(4)，(7)では，小数点より下の最後《さいご》の位《くらい》の0を「＼」で消《け》します。

(1)
$$\begin{array}{r} 4.3 \\ +\ 1.5 \\ \hline 5.8 \end{array}$$

(2)
$$\begin{array}{r} 5.9 \\ +\ 2.6 \\ \hline 8.5 \end{array}$$

(3)
$$\begin{array}{r} 9 \\ +\ 3.2 \\ \hline 12.2 \end{array}$$

(4)
$$\begin{array}{r} 17.1 \\ +\ 4.9 \\ \hline 22.0 \end{array}$$

(5)
$$\begin{array}{r} 6.8 \\ -\ 3.7 \\ \hline 3.1 \end{array}$$

(6)
$$\begin{array}{r} 5.2 \\ -\ 4.3 \\ \hline 0.9 \end{array}$$

一の位の0をわすれないこと。

(7)
$$\begin{array}{r} 10.4 \\ -\ 7.4 \\ \hline 3.0 \end{array}$$

(8)
$$\begin{array}{r} 8.0 \\ -\ 6.5 \\ \hline 1.5 \end{array}$$

8.0と考える。

❻ 分数を小数になおしてから，小さいじゅんにならべます。

$\frac{5}{10} = 0.5$，$\frac{9}{10} = 0.9$ だから，

$\frac{5}{10} \to 0.6 \to \frac{9}{10} \to 1$

【べつのとき方】

小数を分数になおして考えることもできます。

第11回 分数

答え

❶ (1) $\frac{3}{4}$ L　(2) $\frac{2}{5}$ L　(3) $\frac{7}{8}$ L

❷ ㋐ $\frac{1}{6}$　㋑ $\frac{4}{6}$　㋒ $\frac{8}{10}$

❸ (1) $\frac{1}{9}$　(2) 8, 7　(3) 5　(4) 2

❹ (1) $<$　(2) $>$

❺ (1) $\frac{4}{5}$　(2) $\frac{5}{8}$　(3) $\frac{3}{4}$　(4) 1

(5) $\frac{2}{9}$　(6) $\frac{1}{4}$　(7) $\frac{3}{8}$　(8) $\frac{3}{7}$

❻ [式] $1-\frac{3}{5}=\frac{2}{5}$　$\frac{2}{5}+\frac{2}{5}=\frac{4}{5}$

[答え] $\frac{4}{5}$ L

考え方

❶ まず，1Lを何等分しているかを考えます。

(1) 1Lを4等分した3つ分のかさです。

(2) 1Lを5等分した2つ分のかさです。

(3) 1Lを8等分した7つ分のかさです。

❷ 1つ目の数直線は，1を6等分していて，2つ目の数直線は，1を10等分しています。

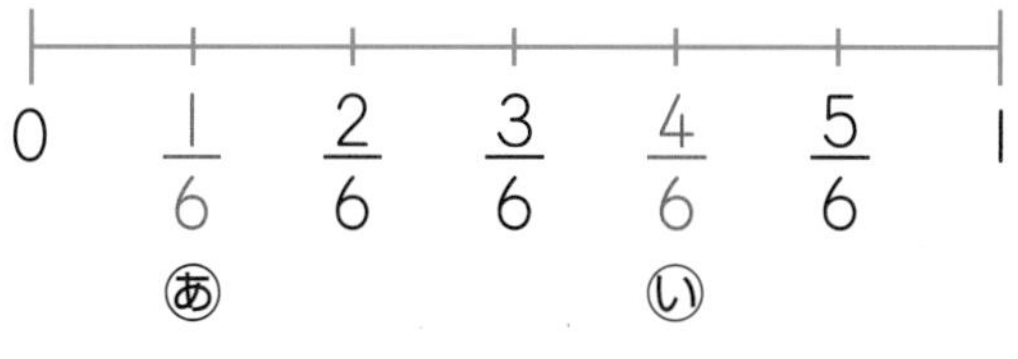

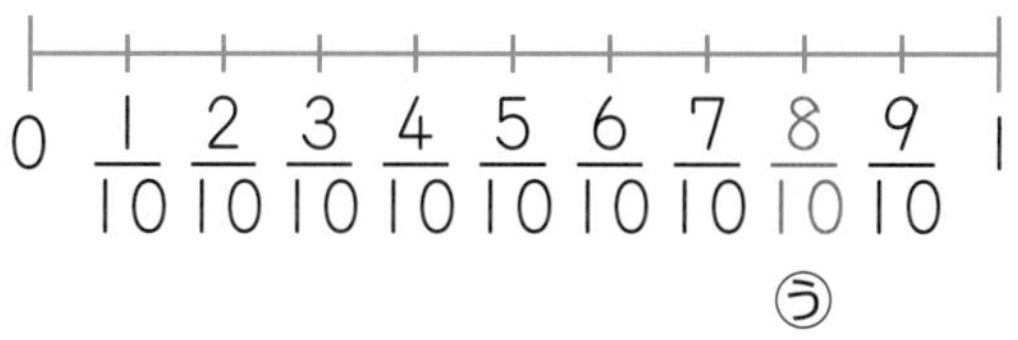

❸ 分数についてかくにんしましょう。

(1) $\frac{4}{9}$ は $\frac{1}{9}$ を4こ集めた数です。

(2) 線の下の数を分母といい，線の上の数を分子といいます。

7	…… 分子
8	…… 分母

(3) 分母は，1Lを何等分したかを表《あらわ》しています。

(4) 分子は，1mを7等分したいくつ分かを表しています。

❹ 分母が同じ分数では，分子の大きいほうが大きい数です。

(1) 分子の大きい $\frac{4}{6}$ のほうが大きい数です。

(2) $1=\frac{9}{9}$ としてくらべると，$\frac{9}{9}$ のほうが大きいので，1のほうが大きいとわかります。

❺ 分母が同じ分数のたし算・ひき算では，分母はそのままにして，分子だけを計算します。

(4) $\frac{1}{2}+\frac{1}{2}=\frac{2}{2}=1$

(8) $1=\frac{7}{7}$ だから，$1-\frac{4}{7}=\frac{7}{7}-\frac{4}{7}=\frac{3}{7}$

❻ 使ったあとの水のかさは，

はじめにあった水のかさ－使った水のかさ

でもとめられるから，

$1-\frac{3}{5}=\frac{5}{5}-\frac{3}{5}=\frac{2}{5}$ (L)

ここに $\frac{2}{5}$ Lの水をたすから，水のかさは，

$\frac{2}{5}+\frac{2}{5}=\frac{4}{5}$ (L)

第12回 三角形と角

答え

❶ 二等辺三角形…ⓐ，ⓤ
正三角形…ⓞ

❷
(1)

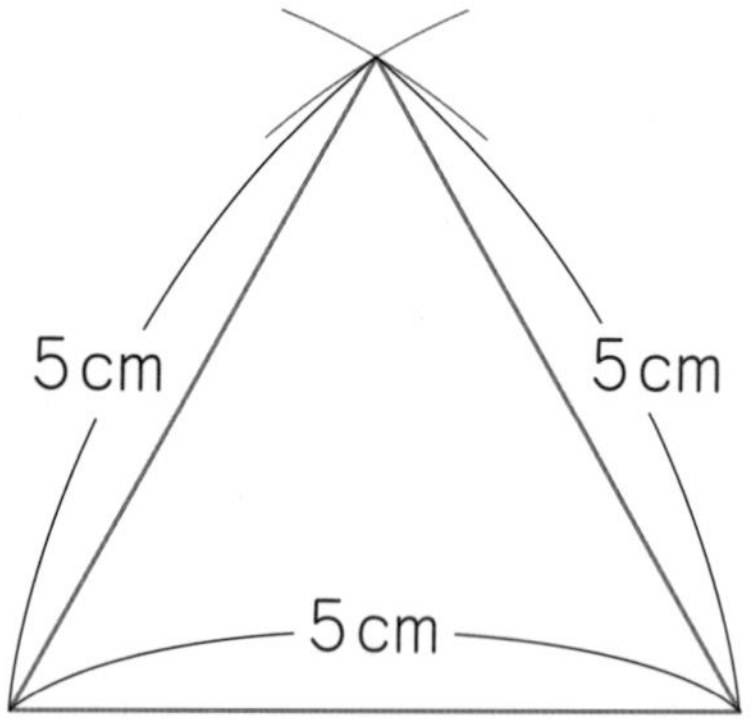

5cm
5cm
5cm

正三角形

(2)

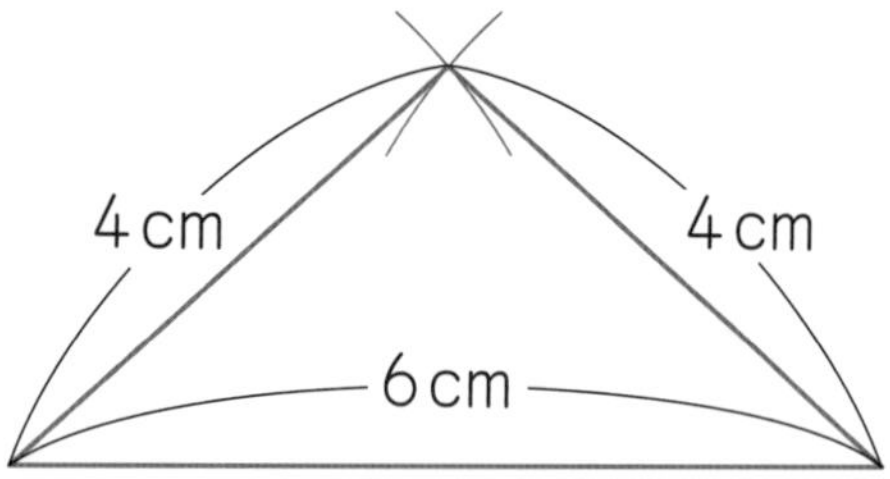

4cm
4cm
6cm

二等辺三角形

❸ (1) ⓘ　(2) ⓤ→ⓘ→ⓐ
❹ 4こ

考え方

❶ コンパスを使って辺の長さを調《しら》べると，長さが等《ひと》しい辺がわかります。同じしるしをつけた辺の長さは等しくなっています。

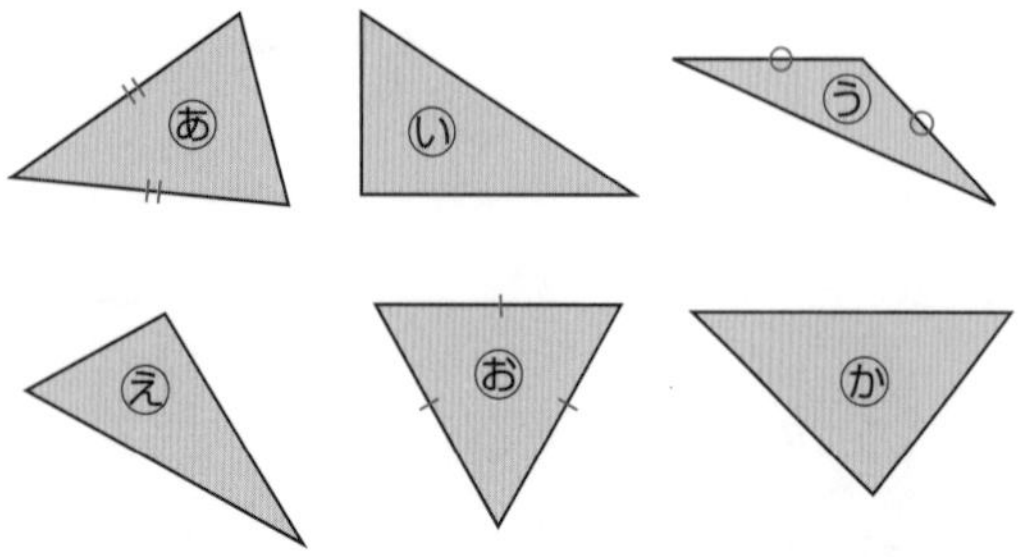

あ
い
う
え
お
か

❷
(1)

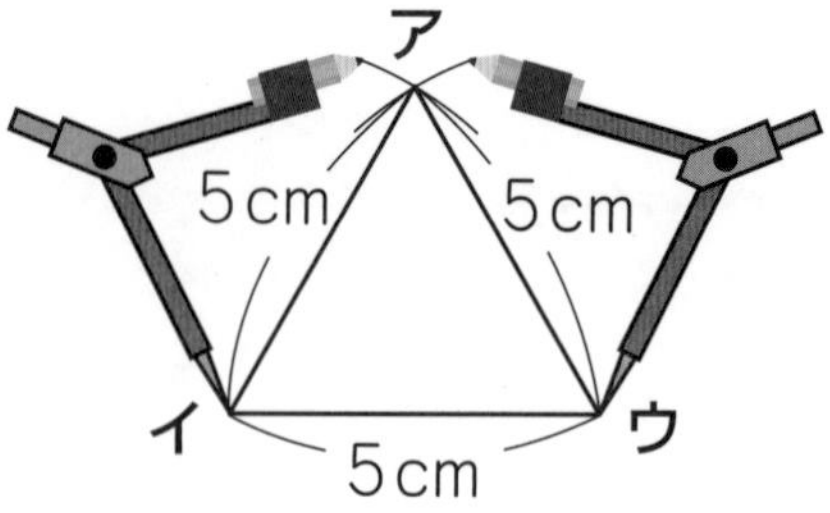

ア
5cm
5cm
イ
ウ
5cm

① 5cm の**イウ**の辺をかく。
② **イ**と**ウ**の点をそれぞれ中心にして，半径5cm の円をかく。
③ ②で交わった点を**ア**として，**ア**と**イ**の点，**ア**と**ウ**の点を直線でむすぶ。

(2)

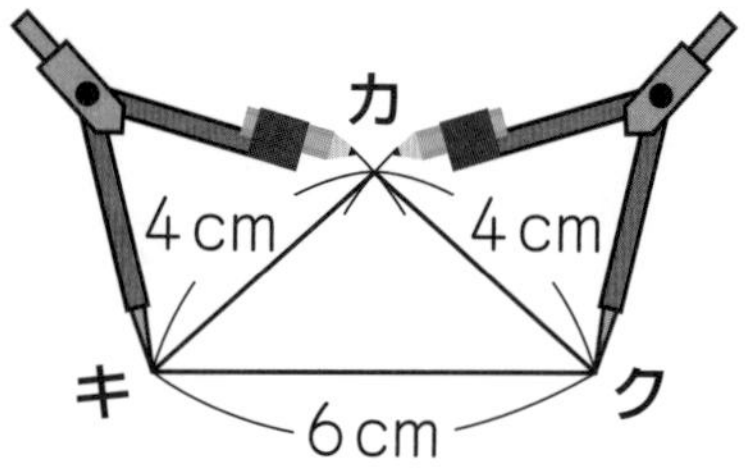

カ
4cm
4cm
キ
ク
6cm

① 6cm の**キク**の辺をかく。
② **キ**と**ク**の点をそれぞれ中心にして，半径4cm の円をかく。
③ ②で交わった点を**カ**として，**カ**と**キ**の点，**カ**と**ク**の点を直線でむすぶ。

❸ ⓐ～ⓤの角に三角じょうぎの直角のかどを重《かさ》ねてみると，直角はⓘ，直角よりも大きい角はⓐ，直角よりも小さい角はⓤであることがわかります。

❹ 円の中心を線でむすんで考えます。
右の図から，1つの辺が2cm の正三角形は全部で4こだとわかります。

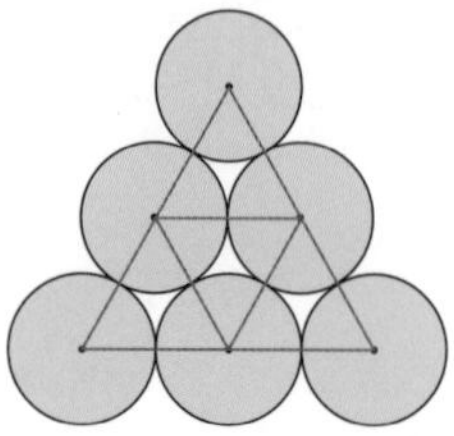

算数

「答えと考え方」の使い方

★ 自分の答えと『答えと考え方』をくらべて，どのようなまちがいをしたのかや，正しい考え方をかくにんしましょう。

★ 正解《せいかい》した問題《もんだい》も，考え方が合っているか，ほかの考え方があるかなどをたしかめるために，「考え方」を読みましょう。

★ 答え合わせが終《お》わったら，「得点《とくてん》」を記入しましょう。

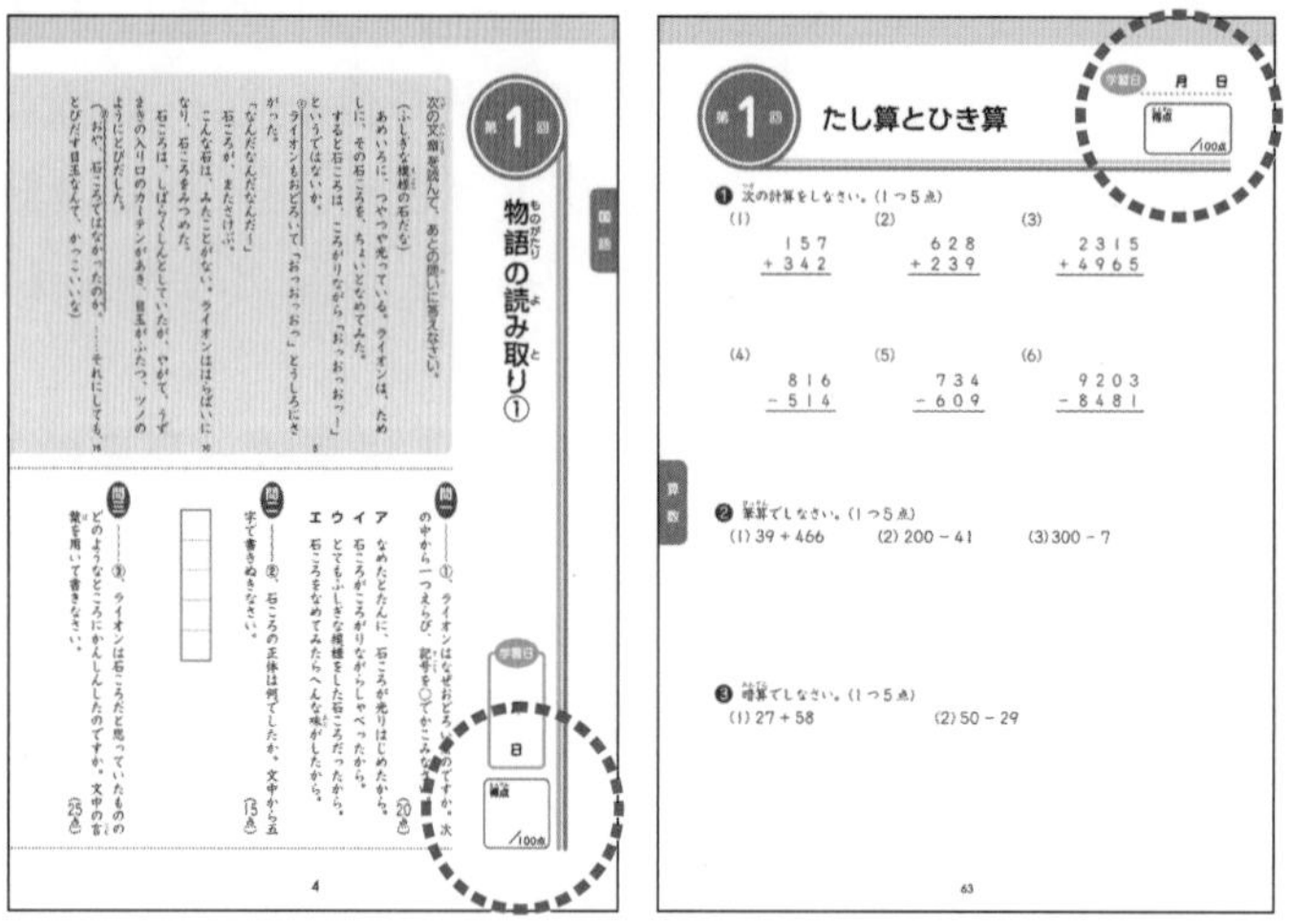

ここに得点を書くよ。

★ 1回分が終わったら,「わくわくシール」を１まいはりましょう。台紙は最後《さいご》のページにあります。

全部《ぜんぶ》終わると１まいの絵ができるよ。

目《もく》次《じ》

国語は反対《はんたい》がわから始《はじ》まるよ。

小学4年生の学習のポイント、教えます。

国語

文章中に根拠を見つけながら読み進めていくことが求められます。

4年生では、正確に文章を読み取る力がより大事になります。内容が「なんとなくわかる」という段階から一歩進み、文章中に根拠を見つけながら読み進めることが求められます。他教科でも内容が徐々に難しくなるので、土台となる国語の力を、多くの文章にふれながら養っていくことが大切です。

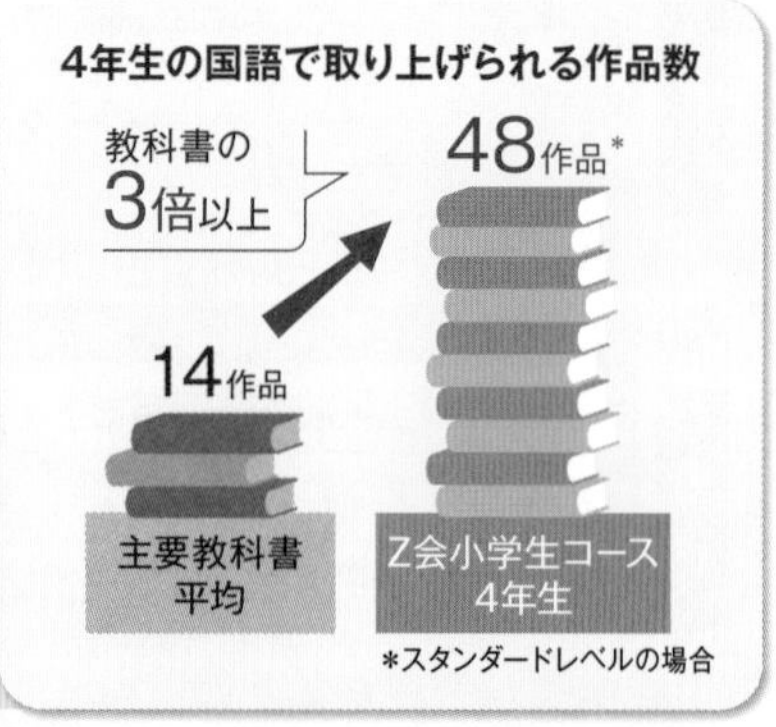

4年生の国語で取り上げられる作品数
教科書の3倍以上
48作品*
14作品
主要教科書平均
Z会小学生コース4年生
*スタンダードレベルの場合

Z会なら

教科書だけでは足りない「読む量」を補い、読み取りのプロセスを重視！

オリジナルカリキュラムで多くの文章にふれます。工夫された設問に取り組むことで、部分から全体を見通し、問題文のテーマや主張を正確に読めるようになります。

算数

学習内容を応用・発展させ、柔軟に考える力が求められます。

これまでの計算の練習や立式の力を、さらに応用・発展させることが必要になります。また「角の大きさ」や「面積」といった、さまざまな解法が考えられる単元も登場。柔軟に考える力が求められます。

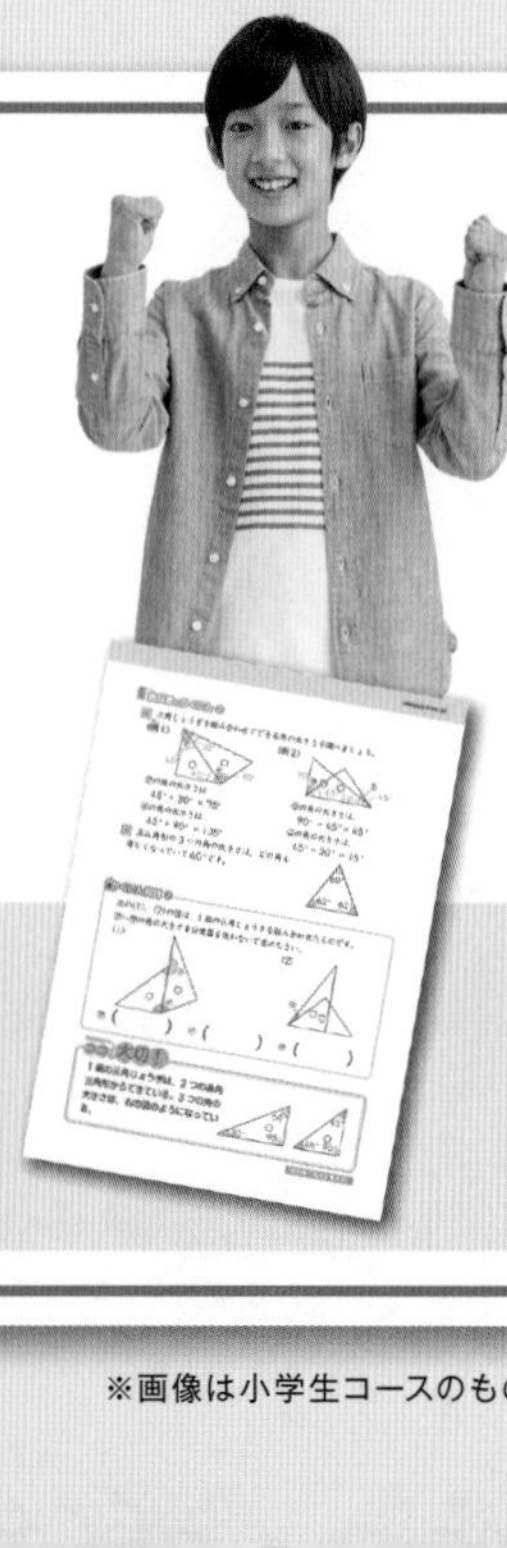

! ここでつまずく　「角の大きさ」「面積」

Z会なら

“考え方”や“理由”をくわしく解説！「なぜ？」を「なるほど！」に。

重要なポイントを「なぜそうなるのか」も含めてくわしく解説。教科書では簡単にしか扱わない事項も丁寧に説明するので、深い理解が得られます。また、解説では別解も積極的に紹介し、柔軟に考える力を伸ばします。

※画像は小学生コースのものです。

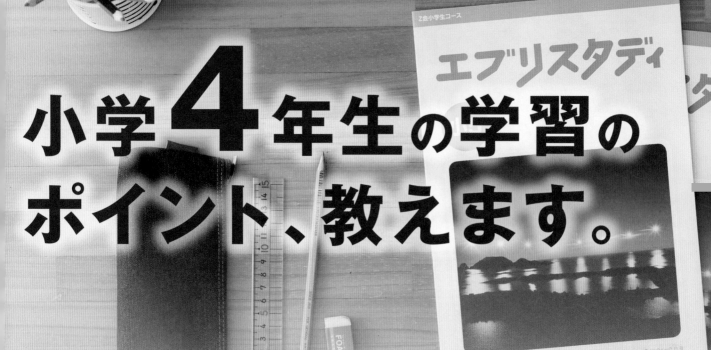

理科

「目に見えないもの」「手で触れられないもの」を学びます。

直接見たり触れたりできないものを扱う機会が増える理科。とくに「ものの体積と力」、「もののあたたまり方」、「水のすがたとゆくえ」などは、多くのお子さまがつまずきがちですが、高学年の理科の土台になるだけに、確実に理解しておきたい単元です。

! ここでつまずく 「ものの体積と力」「もののあたたまり方」「水のすがたとゆくえ」

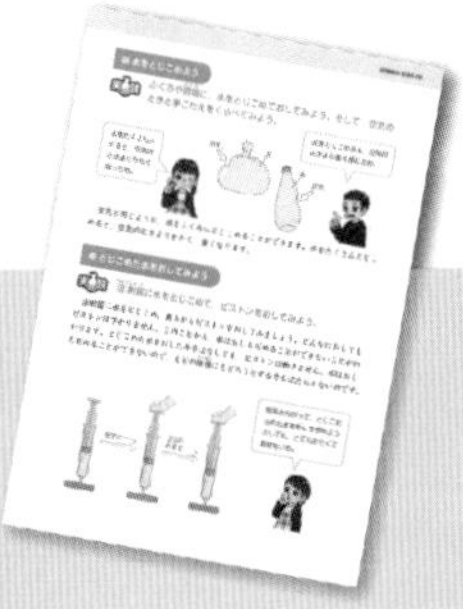

Z会なら

現象の“理由”を知ることで、深い理解を促します。

「疑問→実験→結果→まとめ」の流れを、豊富な写真やイラストで丁寧に示し、一問一問について「どんな考え方で正解にたどり着けるのか」「なぜそうなるのか」までくわしく解説しているので、深い理解を得られます。

社会

知識の習得だけでなく、地図や資料を正しく読み取る力が必要になります。

これまでは身近なテーマから学んできた社会。4年生からは学習範囲が都道府県まで広がり、写真やイラスト、グラフなどの資料を扱う機会も増えていきます。地図や統計資料から必要な情報を正しく読み取る力を養うことが大切です。

! ここでつまずく 学習対象の拡大、「資料の読み取り」

Z会なら

資料を多用し、暗記だけではない社会を学びます。

グラフや図を示しながら「どうしてそう読み取れるのか」「背景にはどのような事情があるのか」といった点まできちんと説明します。暗記だけでは対応できない「考える問題」にも挑戦するので、理解が深まります。

英語

「聞く」「話す」アクティビティを通して、英語に親しみ、英語力を伸ばす土台を作ります。

4年生の外国語活動では「聞く」「話す」アクティビティを通して、英語に慣れ親しみながら、身近なことの表現を覚えます。この時期に、英語で聞いたり、話したりする「楽しさ」や英語が通じる「喜び」を実感することが、この先、英語力を伸ばす土台となります。

Z会の小学生コースなら

音声メインで英語学習を楽しくスタート！

音声の再生や録音ができるWebアプリから、英語の音声を気軽に「聞く」ことができます。アルファベットや単語を「書く」練習や、小学生にとって身近な、様々な場面の設定の中で、基本的な表現を口に出して「話す」練習も十分に行います。